中国人的生活智慧

佛修心，道养生，儒成事

莲华 著

宁波出版社
NINGBO PUBLISHING HOUSE

图书在版编目（CIP）数据

佛修心，道养生，儒成事：中国人的生活智慧 / 莲华著. — 宁波：宁波出版社，2017.12
ISBN 978-7-5526-2742-8

Ⅰ．①佛… Ⅱ．①莲… Ⅲ．①佛教—宗教文化—中国—通俗读物②道教—宗教文化—中国—通俗读物③儒家—通俗读物 Ⅳ．① B949.2-49 ② B959.2-49 ③ B222-49

中国版本图书馆 CIP 数据核字（2017）第 196142 号

佛修心，道养生，儒成事：中国人的生活智慧
FO XIUXIN DAO YANGSHENG RU CHENGSHI ZHONGGUOREN DE SHENGHUO ZHIHUI

著　　者	莲　华
出版发行	宁波出版社
	（宁波市甬江大道 1 号宁波书城 8 号楼 6 楼　邮编：315040）
网　　址	http://www.nbcbs.com
出版策划	沐文文化
责任编辑	俞　琦
特约编辑	阿　扭
责任校对	叶呈圆　李　强
装帧设计	仙境书品
印　　刷	北京永顺兴望印刷厂
开　　本	787mm×1092mm　1/16
印　　张	15
字　　数	280 千字
版　　次	2017 年 12 月第 1 版
印　　次	2017 年 12 月第 1 次印刷
标准书号	ISBN 978-7-5526-2742-8
定　　价	39.80 元

版权所有　翻印必究
本书若有印装问题影响阅读，请与印刷厂联系调换，联系电话：010-81573621

  以佛修心,以道养生,以儒成事——这本书通过三个方向将中国人的生活智慧——展现。人生苦短,生命不过是借来的短暂时光,我们生活在这个世界上,每天埋头于工作挣钱、养家糊口……我们低着头数钱,时光却低着头数我们的流年。

  今天的时光是明天的回忆,明天的回忆又会变成后天的情怀。我们背着回忆,抱着情怀,走在时光的隧道里,看遍人生,四季、美景、美人……然后飘飘然去往另一个世界。到时候我们会不会怀恋这个世界的美好?会不会依恋这个世界的亲人?能不能再次看到早就已经离我们远去的人?

  2015年,我独自游历西藏。在临近拉萨的一个小县城里,我找了个学校旁边的小馆子吃饭,有几个孩子也过来吃饭,黝黑的脸上有两块可爱的高原红。他们一边吃饭一边时不时好奇地看我,过了一会儿,其中一个走过来怯生生地问我:"老师?"

  我听了竟莫名有些紧张,连忙表示我不是老师,他们听了似乎有些失落。那个喊我"老师"的孩子又接着问我,是不是从外地来的,外面什么样……我放下碗筷认真回答。后来他们胆子大了起来,都过来围着我叽叽喳喳地提问,我就真的像个老师一样,坐在那里挨个回答他们的问题。

  后来眼看要日落西山,我鼓励了孩子们几句,让他们好好学习,以后自己出去看看世界。那些孩子嘻嘻哈哈地向我敬了个少先队礼便蹦跳着走了。我看着在纯净的蓝色天幕下，远处巍峨的雪山挡住了逐渐西沉的太阳，却衬得那几个孩子的身影更加清晰，充满活力和朝气。

　　这段下午时光永久地刻在了我的内心深处，每每回忆起，我都会感到心情平和、生活美好。与此同时，我的心灵好像受到了洗礼、找到了归宿，于是萌生了创作本书的想法。

　　生活其实极富智慧，经过时光的沉淀，精华的部分逐渐被我们挖掘出来，露出最璀璨的内核。书中的故事，有些是我从网上看到的，有些是我在大师讲佛时听来的。总之，这些故事都是经过时间锤炼，从历史的长河中脱颖而出的，如今展现在了读者面前。希望大家阅读之后，在接下来的生活时光里拥有智慧、勇气和活力。

　　生活本身就是智慧，愿时光给你想要的一切！

莲华
2017.10

上篇　佛修心

第1章　人生苦短，生命不过是借来的时光 —— 一

生活，即生下来，活下去 —— 二
日月如流，哪有时间老去 —— 五
前路非绝路，往事不可成心事 —— 七
人低着头数钱，时间低着头数人的流年 —— 九
唯用一生，才可解答所有问题 —— 一二

第2章　从从容容，保持一颗平常心 —— 一五

摒弃执念，放下挂碍浑身轻松 —— 一六
摒弃怨念，身处苦中亦可作乐 —— 一八
摒弃痴念，机缘了了念就消散了 —— 二〇
摒弃贪念，欲望越多路越难行 —— 二二
摒弃嗔念，生气与否皆为浮云 —— 二四

第3章　心中存有善念，胸中常怀慈悲 —— 二七

最大的爱是慈悲 —— 二八
以平等之心待人待己 —— 三一
慈悲随处可见 —— 三三

本是仙佛种，随处可开花 ······ 三六

爱出者爱返，福往者福来 ······ 三九

慈悲不拘于哪种形式 ······ 四二

满怀善心，多做好事 ······ 四五

觉悟就是一生做善事 ······ 四八

第4章 忍辱负重，将心中倾斜的世界放平 ······ 五一

心中无嫉妒，身体无疾病 ······ 五二

最好与愤怒缔一个约 ······ 五五

欲做龙象，必先做牛马 ······ 五七

怀忍辱之心，方可屈伸自如 ······ 五九

弯腰乃成熟，而非卑微 ······ 六一

第5章 生生死死，看破了方能修成佛 ······ 六三

生命犹如不系之舟 ······ 六四

能抓住的唯有空无 ······ 六六

风过疏竹，来去自如 ······ 六八

样样都有实为一切皆空 ······ 七〇

生与死，无非是一场游戏 ······ 七二

中篇 道养生

第1章 回归自然，本色做人不平凡 ······ 七五

老实做人，规矩做事 ······ 七六

足履实地，急功近利终是梦 ······ 七八

敦朴厚道，做人要表里如一 ······ 八一

坚守本真，唯有真实才是正理 ······ 八三

第2章 无为而行，无争胜有争 ……… 八五

以善止争，养与世无争之源 ……… 八六
绝"争"之源，自然无争 ……… 八八
不自争，自然"争者无敌" ……… 九〇

第3章 宠或辱皆不惊，岁月才能静好 ……… 九三

随机应变，乃人生真谛 ……… 九四
淡然看功劳，功劳才会长存 ……… 九六
腾则为龙，潜则为蛇 ……… 九八
参透名利，贪恋权位难圆满 ……… 一〇〇
进退得当，人贵自知 ……… 一〇二

第4章 安贫乐道，人生方可游刃有余 ……… 一〇五

大隐隐于市，生活很闲适 ……… 一〇六
过平民生活，行贵族风度 ……… 一〇九
贪心不知足，立即招致祸事 ……… 一一二
物来而应，物去不留 ……… 一一四
什么是最大的快乐 ……… 一一六
坦然无所求，身心都轻松 ……… 一一九
对虚有期待，比不上安守当下 ……… 一二一
一枚金币的幸福博弈 ……… 一二四

第5章 非凡做法，让你做非凡人 ……… 一二七

比眼力，得看出别人看不到的 ……… 一二八
预先推想，要防患于未然 ……… 一三〇
欲取之必先予之，出奇才能制胜 ……… 一三二

能听得逆言，方可锐意进取 —— 一三四
着手予微，成败取决于细节 —— 一三六
四两绵力，也可拨动千斤 —— 一三八
懂得后退，方能海阔天空 —— 一四一
持之以恒，有始有终 —— 一四三

下篇 儒成事

第1章 清清白白好做人，明明白白易成事 —— 一四七

人生的三大乐事 —— 一四八
既做承诺，必须执行 —— 一五一
相对才能，德行更加重要 —— 一五四
以赤子之心接人待物 —— 一五六
道貌岸然的伪君子做不得 —— 一五九
坦坦荡荡，即可远离忧惧 —— 一六二

第2章 或进或退，万事皆要寻求"稳" —— 一六五

进退自如，屈伸随意 —— 一六六
君子求善贾，张弛有度 —— 一六八
留有退路，后事不愁 —— 一七〇
按部就班，稳中求胜 —— 一七二

第3章 中庸之道，方与圆的处世哲学 —— 一七五

画蛇别添足，要恰到好处 —— 一七六
哀而不伤，致中和 —— 一七九
礼让三分，方可化干戈为玉帛 —— 一八二
物极必反，学会适可而止 —— 一八四
中庸，亦是一种变通 —— 一八七

第4章　生和义不可兼顾时，当舍生而取义　——一八九

　　坚守道义，所得利益才永久 ——一九〇
　　处境艰难不移志，忠贞方显节操 ——一九三
　　正确选择，无论何时不可失大节 ——一九六
　　可救急不可救穷，违背原则不可行 ——一九八

第5章　欲成大事，需先谋定后动　——二〇一

　　静待时机，才可能无往不利 ——二〇二
　　水到才能渠成，做事要循序渐进 ——二〇五
　　处变不惊，以长远眼光看问题 ——二〇八
　　无论处境如何，心中都要存有危机意识 ——二一〇
　　有得必有失，不要总患得患失 ——二一二

第6章　秉承仁爱之心，执行宽容之道　——二一七

　　厚德载物，待人一定要宽厚 ——二一八
　　推己及人，助人相当于助己 ——二二一
　　扬长避短，为人处世好周全 ——二二三
　　既往不咎，原谅他人的过错 ——二二六
　　勿强于人，学会换位思考很重要 ——二二八

上篇

佛修心

第1章

人生苦短,生命不过是借来的时光

生活，即生下来，活下去

常者皆尽，高者必堕。合会有离，生者皆死。

——《贤愚经》

【佛偈释义】

这句话的意思是：曾经有的终有一天会全部失去，高高在上的有朝一日必定会从高处堕落。相聚在一起的，也会有离别的时候，现在还活着的人，来日终有死去的时刻。得而复失，起而复堕，聚而又散，生生死死，人世间难道有什么东西是永恒不变的吗？人生难道会一直一帆风顺吗？这绝无可能。我们感受着福祸的变化，重复着人生的起伏，只需要记住一点：无论变化如何之快，也无论起伏如何之大，我们都要以平常心视之待之，从容淡定，用心地去生活。

著名诗人白居易的诗多是感叹时事、反映民间疾苦的，《观刈麦》就是他看到农民刈麦时有感而发之作。诗人慨叹道："那些老百姓终年忙碌，最终还是一贫如洗，要靠捡拾麦穗充饥。而自己做事不多，每年的俸禄却有三百石，岁末还能有点余粮，一念至此，就十分惭愧不安。"现在很多人的生活虽然不及商贾和大官，却也衣食无忧。然而能对弱者抱以同情，却不是人人都能做到的。更何况，有些人尚不能填满自己的野心、让自己满足，又何谈愧对别人的苦难呢？

当我们为一些鸡毛蒜皮的小事斤斤计较时，当我们为了爱恨情仇苦苦挣扎时，当我们为了理想与现实的问题争论不休时，当我们在忧郁地思考着生命、生活究竟有何意义时，我们是否想过，对很多平凡的人来说，生命不是苏格拉底豁达的"为死亡所做的准备"，也不是泰戈尔诗意的"生如夏花之绚烂，死如秋叶之静美"；生活不是米兰·昆德拉所言的"在别处"，更不是凯鲁亚克所说的"在路上"。对于我等凡夫俗子来说，生活就是生下来，活下去！

生下来，活下去！

多么苍凉却又充满力量的回答！人们通过努力和奋斗，获得温饱、富足，过上自己想要的好日子，志得意满，喜气洋洋。这一切的努力不就是为了这短短六个字吗？我们为了"活下去"做到了多少以前想也不敢想的事情？求生的本能在冥冥中推着我们走向人生中更高的地方。

佛陀告诉我们，觉悟之道往往不在那温饱之余的闲思里，而是在饥寒交迫时坚强的忍耐、深刻的体悟里。

一个女人死了丈夫，家乡又遭受了天灾，不得已，她带着两个孩子背井离乡，辗转各地，好不容易得到一户善良人家的同情，把仓库的一角租借给母子三人居住。那里空间很小，只有三张单人席大小。她铺上一张席子，拉进一个没有灯罩的灯泡，一个炭炉，一个饭桌书桌两用的小木箱，还有几床破被褥和一些旧衣服，这是他们的全部家当。

为了维持生活，女人每天早晨六点离开家，先去附近的大楼做清扫工作，中午去学校帮助学生发食品，晚上到饭店洗碟子，结束一天的工作回到家里已是深夜十一二点了。于是，家务的担子全部落在了大儿子身上。

为了一家人能活下去，女人披星戴月，从没睡过一个安稳觉，可生活还是那么清苦。他们就这样生活着，半年、八个月、十个月，母亲不忍心孩子们跟她一起过这种苦日子。她时不时会想到死，想和两个孩子一起离开人世，到丈夫所在的地方去。

这一天，女人泡了一锅豆子，早晨出门时，给大儿子留下一张纸条："锅里泡着豆子，把它煮一下，晚上当菜吃，豆子煮烂后稍放点酱油。"

带着一天的辛劳和疲惫，女人回来了。她偷偷买了一包安眠药带回家，打算当天晚上和孩子们一块儿去死。

当她打开房门，见两个儿子已经在席子上的破被褥里并排入睡了。女人发现大儿子的枕边放着一张纸条，便有气无力地拿了起来，上面这样写道："妈妈，我照您纸条上写的那样，认真地煮了豆子，豆子烂后放进了酱油。不过，晚上盛出来给弟弟当菜吃时，弟弟说太咸了，不能吃。弟弟只吃了点冷水泡饭就睡觉了。妈妈，实在对不起。不过，请您相信我，我的确是认真煮豆子的，您尝一粒我煮的豆子吧。而且，明天早晨不管您起得多早，都要在临走前叫醒我，再教我一次煮豆子的方法。妈妈，我们知道您已经很累了。我心里明白，您是在为我们操劳。妈妈，谢谢您。不过请您一定保重身体。我们先睡了。妈妈，晚安！"

女人的泪水夺眶而出。"孩子年纪这么小，都在顽强地伴着我生活！"她坐在孩子们的枕边，伴着眼泪一粒一粒地品尝着孩子煮的咸豆子。一种信念在她的心中升腾："我要坚强地活下去。"女人摸摸装豆子的布口袋，里面正巧还剩一粒豆子。她把它捡出来，包进大儿子给她写的纸条里，她决定把它当作护身符带在身上。

　　文中那个懂事的孩子，小小年纪，在生活的重压下，并没有失去对"生"的渴望，甚至鼓励母亲，顽强地生活下去，我们还有什么理由不珍惜自己所拥有的一切认真地活下去呢？其实，佛陀希望我们领悟的，从来就不是什么艰涩精微的奥义，而是这朴素却温暖的感情：生下来，就一起活下去。彼此体贴、相互温暖，关心家人，也关心粮食和蔬菜，在这"活下去"的过程里，慢慢体会生命的真谛、爱的真谛。

　　用勤劳的双手去耕作，用温暖的双眼去抚慰，远比用昏沉的大脑去空想，更接近佛陀的证悟之道，更接近我们自己完美的幸福生活。

日月如流,哪有时间老去

懈怠之人,犹如舂杵,有二种事:一者不能自使,日益损坏;二者不能自立,弃地即卧,渐不堪用。

——《大乘理趣六波罗蜜多经》

【佛偈释义】

这句话出自大乘佛法纲要《大乘理趣六波罗蜜多经》,意思是懈怠的人就像用来舂东西的木杵,不外乎两种情况:其一,不能支配自己,于是就在别人的支配下一天比一天损毁严重;其二,不能自我独立,被人扔在地上就只能置于地上一日复一日,渐渐变得无法使用。勤力是忍耐力的推进器,动力强劲,一旦马力全开将一路高歌猛进,反之如果放弃了勤力选择了懈怠,那么忍耐力将失去动力,我们也会在人生的道路上抛锚。因此我们不能自弃勤力,以免自绝前路。同时,这也从侧面说明,在人生的道路上,我们唯有珍惜时间,努力奋斗,最终才能到达胜利的彼岸。

有一个著名的"三八理论",即一个普通成年人的一天应该分为"三个八":八小时工作、八小时睡眠、八小时自由时间。前面两个"八",大多数人都是一样的,没有多少差异;人与人之间的不同,往往就在于度过剩下八个小时的方式不同。

你如何利用自己的业余时间,将最终决定你的一生是浑浑噩噩还是轰轰烈烈。你选择看肥皂剧和与人闲聊,就将收获一段闲适的、却有些空洞的时光;你选择埋头苦读和辛勤工作,就会换来一段寂寞的、却指引着光明未来的时光;你选择陪伴家人和亲近朋友,就会换来一段甜蜜的、持续的温暖时光。我们在闲暇里的每种选择,都会成为既定的事实,成为真实的足迹,决定着我们未来的旅途。

佛陀提醒我们:要么珍惜时光的每一丝闲暇,驾驭自己的生命;要么被时光狠狠地抛弃,被命运驾驭。不要等到时过境迁,繁华散尽,才发现自己垂垂老矣,却一无所获。

佛光禅师门下弟子大智，出外参学二十年后归来，在法堂里向佛光禅师述说在外参学的种种见闻，佛光禅师以慰勉的笑容倾听着。最后，大智问道："老师！这二十年来，您老一个人还好吗？"

佛光禅师回答："好！很好！讲学、说法、写经，每天在佛法里泛游，世上没有比这更欣悦的生活了，每天，我都忙得好快乐！"

大智关心地说："老师，您应该多一些时间休息！"

佛光禅师笑笑，对大智说道："夜深了，你休息吧！有话我们以后慢慢谈。"

清晨，大智还在睡梦中，便隐隐听到佛光禅师的禅房里传出阵阵诵经和木鱼声。

大智看到佛光禅师总是晚睡早起，白天不厌其烦地对一批批来礼佛的信众开示，讲说佛法；夜晚不是批阅学僧的心得报告，就是编写佛学教材，每天总有忙不完的事。

好不容易等到佛光禅师与信徒谈话告一段落，大智争取这一空当，抢着问佛光禅师道："老师！分别这二十年来，您每天的生活仍然这么忙碌，怎么都不觉得您老了呢？"

佛光禅师道："我没有时间老去！"

"没有时间老去！"真是一句精彩的回答！越是忙碌的人，仿佛时间就越多，就像孔子所说的："其为人也，发愤忘食，乐以忘忧，不知老之将至。"参佛之人的人生观也是如此。像佛光禅师一样，当你将全部的生命与精力都投入到有意义的生活中时，哪里还有时间去关注自己鬓角催生的白发、额上乍现的皱纹呢？

而且，当你没有时间去在意和关心身体上的这些变化时，这些变化就会比平时要来得慢一些。也许，这就是时光对我们的赞许吧。正如那句发人深省的话："时间是公平的，给每个人都是二十四小时；时间又是不公平的，每个人拥有的都不是二十四小时。"你吝啬时间，时间反而对你慷慨；你挥霍光阴，光阴也就加速离你远去。

其实，我们的衰老往往都是从心态的衰老开始的，有多少人拥有年轻的体魄，却揣着一颗衰老的心呢？没有什么可以阻挡我们前进的脚步，除了我们内心的畏惧；没有什么可以羁绊我们精进的步伐，除了我们心中的倦怠。光阴荏苒，我们不妨卸下心头的那些担忧和踟蹰，轻装前行。每天，我们都会看到生活为我们准备的不同风景，嗅到生命呼出的每一丝清新空气。

没有时间老去，每一秒钟都可能创造奇迹，每一天都会是一个崭新的开始。不必伤春悲秋，时刻保持年轻的心态，即使万木凋零，也依旧会有挺拔的青松在傲人地青翠。

前路非绝路，往事不可成心事

是故须菩提。菩萨应离一切相。发阿耨多罗三藐三菩提心。

——《金刚经》

❤【佛偈释义】

这是《金刚经》中的经典名句，讲的是学佛的精神，换句话说，就是不要被一切表象骗了或迷惑了。有一座庙，有一座房子，有一件衣服，有一个地方，这些都是相；此心不要被佛堂、房子、财产或名誉所迷惑。前路永远不是绝路，不要被别的事情迷惑了双眼，如果看透一切事物的本质，就会看到坦荡的通途。

时光犹如刀光剑影，瞬息间摧落了花叶，可谁认识那舞剑的剑客呢？当冬去春来，树上又抽出新的枝条，再见桃花遍山，才发现即使那些被时光带走的事物，一旦再遇机缘，依然可以再次光照人间。这才想起，这匆匆三十年寻找的剑客，原来是我们自己！我们庸碌，时光便摧落我们的年华；我们精进，时光便让我们尽情开花。

这是一个关于三十年的故事，也是一个跨越了三十年的祝福。

三十年前，一个年轻人打算离开故乡，去追寻自己的理想。但想想不可预知的未来，他有些迷茫，便去拜访本族的族长，请求指点。老族长正在练字，听说本族后辈前来询问即将开始的人生旅途，便写下三个字：不要怕！老族长将字条递给年轻人，温和而慈祥地笑着说："孩子，人生的秘诀只有六个字，今天先告诉你这三个，未来的日子，当你遇到困惑的时候，记得打开看一看，保你半生受用。"

三十年后，从前的年轻人已经人到中年，有了一些成就，但也添了很多伤心事。归程漫漫，回到了家乡，他又去拜访那位族长。

他到了族长家里，才知道老人几年前已经去世。族长的家人取出一个密封的信封对他说："这是族长生前留给你的，他说有一天你会再来。"

还乡的游子这才想起来,三十年前他在这里听到人生的一半秘诀,还有另外一半族长当时没有告诉他。他拆开一看,里面赫然写着三个大字:不要悔!

当年的"不要怕"激励了年轻人勇敢地去追求自己的理想,虽山高路远,但他铭记族长的话:不要怕!坚持、努力、奋勇向前,一步步走过人生的崎岖坎坷,一口口尝尽生活的酸甜苦辣,终于取得一定的成就。而等他功成名就时,却也明白了成功背后的五味杂陈。老族长此时又告诉他:"不要悔!"不去惋惜、不去遗憾,坦然地接受生命的馈赠。

"得之我幸,失之我命",我们要做的只是用心度过所有日子,生命自然会在最后给我们一个满意的回答。

"前三十年不要怕,后三十年不要悔。"最平实的语言,最深刻的智慧。

人生一世,谁都会有顾虑和恐惧的时候;花开一季,谁都会有来不及抓住的美丽,忍不住扼腕叹息。这些是难免的,却也是可以规避的。

在我们年少的时候,我们不知道什么是值得的,什么是最需要努力的,只能凭借初生牛犊的劲头什么都试一试、闯一闯。虽然难免被现实刺伤,但若就此把前路当作了绝路,停下脚步,另作他寻,就很可能与成功擦肩而过;等到我们阅尽人生,渐渐体会到前半生的遗憾与失落,许多不完美的往事都会渐渐浮现在心头,变成了心事。若是此时不能拥有一颗无怨无悔的心;不能明白走过的便都是路,唱过的也都是歌;不能看懂所有的经历都会变为一种结果,无论我们接受与否,它们都已成为我们人生的一部分,一直纠结在往事交织的心事里,最后只会误了一生。

不怕,也不悔!前路不是绝路,所以不怕;往事不是心事,所以不悔。

人低着头数钱,时间低着头数人的流年

佛问沙门:人命在几间?对曰:数日间。佛言:子未知道。复问一沙门:人命在几间?对曰:饭食间。佛言:子未知道。复问一沙门:人命在几间?对曰:呼吸间。佛言:善哉,子知道矣!

——《四十二章经》

【佛偈释义】

这是佛籍汇编《四十二章经》中的一段话,意思为:佛问弟子:人的寿命长在哪里呢?弟子回答说:在几天而已。佛说:你还没有了悟。又问一弟子说:人的寿命长在哪里呢?弟子说:在饭食之间。佛说:你还没有了悟。又问一弟子说:人的寿命长在哪里呢?弟子回答说:在呼吸之间。佛说:很好,你了悟了!

心之外,人生很长,漫漫百年;心之内,人生很短,须臾之间。为过去的事忧愁,为将来的事烦恼,我们的心何时才能够得到真正的宁静?不如活在当下,我们的心也就清净了。

传说,一次乾隆皇帝下江南时来到江苏镇江的金山寺。他看到山脚下大江东去,百舸争流,不禁心生豪迈,得意地问一旁的慧林禅师:"你在这里住了几十年,可知道每天来来往往的,有多少只船?"慧林禅师淡淡地回答:"我只看到两只船。一只争名,一只夺利。"

乾隆皇帝看到的是自己统治下国泰民安、百舸争流的繁华;而慧林禅师却一眼看穿,不过是一些争名夺利的心在奔波、劳累罢了。这是因为双方身份的不同,更是因为各自境界的差异。乾隆皇帝虽然贵为人君,坐拥天下,却依然看不破:再繁华的外衣,也掩盖不了枯朽干瘪的内里。

那些川流不息的船只上的商贾们，每天白天忙忙碌碌，往返于各个港口，买卖货物；晚上回到家里，挑灯算账、数钱，用自己的手构筑一个家的安宁。然而这江上的流水、夜里的烛光、高悬的明月，却也在默默数着他们流逝的年华、回不来的时光。那这只夺利之船，又会把他们载往何方呢？

另一只争名之船，同样害人不浅。

智岩禅师出家之前曾是一位武官。一天，一位旧识到智岩禅师隐居的山林找他。这位旧识，此时已和当初的智岩禅师一样，官拜郎将。

他一见禅师，就说道："你发狂了吗？怎么住到这种地方来？"

智岩回答："我以前发狂，现在醒了；而你的狂病，却正在发作！"

那人不信，道："真好笑！我怎么会发狂？"

智岩说："你沉湎声色，贪慕荣华，陷于轮回生死之中不能自拔，还说自己没有发狂？"

旧识与他争执不下，怒其不争地走了。

他们谁也没能说服谁，那到底是谁执迷不悟呢？我们常会在电影、电视剧里看到这样的桥段：主人公搭救了一位达官贵人，贵人想报以重金或官爵，主人公却辞而不受，旁边人就议论道："呆子！有钱有官都不要，那你要什么呀？"是呀，名利都不要，我们还应该要什么呢？难道，我们应该效仿"发狂"的智岩禅师，去山里隐居不成？当然不是！

在佛家看来，红尘即是道场，世间即为禅房。不能在尘世里参悟，去深山中一样不得解脱。我们要做的，其实只是停一停数钱的双手，闭一闭盯着虚名的眼睛，安安静静地感受一下自己真实、灵动的生命和家人朋友亲切温暖的目光。争名夺利的本身不正是为了让自己的人生更加精彩，让亲人们过得更加幸福吗？缘何为了数钱而对父母鬓角的白发视而不见；缘何为了争名而忘记自己花一样的年华？

流年似水，东逝不回；岁月匆匆，十年如梦。汉族曲艺中有一种名为"莲花落"的表演艺术，其中有一首歌词写道："人生七十古来稀，我今七十不为奇。前十年幼小，后十年衰老，中间只有五十年，一半又在梦里面。"咱们再琢磨琢磨，在这仅余的二十五年里，还要花去大半的时间吃饭、赶路、生病、闲聊，剩下真正属于自己和亲友的时间，屈指可数。若不用这屈指可数的时间，去做些开心的事，享受恬淡的日子，岂不可惜？

　　唐代著名诗人李涉，在迁谪途中，经过一座寺院，与寺里和尚闲谈半日，受僧人点拨开悟，写了一首《题鹤林寺僧舍》，也许能给只知道低头数钱的人一点新的启示。

　　终日昏昏醉梦间，忽闻春尽强登山。
　　因过竹院逢僧话，偷得浮生半日闲。

　　韶华易逝，若只是昏沉度日、醉梦不知，岂不太浪费了？不如学学李涉，偷半天时光，漫步山间，于闲适之中，闻闻佛香禅趣，听听爱人低语，才不枉这匆匆流年。

唯用一生，才可解答所有问题

　　佛告主命鬼王："汝大慈故，能发如是大愿，于生死中护诸众生。若未来世中，有男子女人至生死时，汝莫退是愿，总令解脱，永得安乐。"鬼王白佛言："愿不有虑。我毕是形，念念拥护阎浮众生，生时死时，俱得安乐。但愿诸众生于生死时，信受我语，无不解脱，获大利益。"

——《地藏经》

【佛偈释义】

　　这是佛与主命鬼王的一段对话，大致意思是：佛告诉主命鬼王说："你有大慈悲心，发下大愿，能在世人的生死之际来保护他们。在未来的世界中，有男子、女人在生时或死时，你都不要忘记这个大愿，总要尽力使他们得到解脱，永远平安快乐。"鬼王回答佛说："世尊，请不要有所顾虑，我将穷一生之力，保护阎浮提的众生，使他们无论在生时死时都能得到安乐。但愿众生在生时死时，能够相信并接受我刚才所说的话，那所有的众生一定都能得到解脱，获得真正的大利益。"这也从侧面告诉我们，人生在世，问题诸多。我们需要用一生的时间，才能解答我们所遇到的所有问题。

　　人间行脚，旅途遥遥。谁不想觅得一个长久的安身之处，诗意地栖居呢？还是寒山子命好，居然让他给找到了！据传，寒山子出身于官宦人家，多次投考不第，受佛法点拨，便遁入寒山参禅悟道，以寒山为号。以听松为乐、诵读黄老学说为趣的日子，他一过就是十年，以致后来他连自己的本名都忘了，又怎会记得自己是打哪来的呢？

　　我们常常读到的那些高僧禅师的故事，对我们来说只是纸上寥寥百字的叙述和一点读后的感慨而已。但对他们来说，却是自身真真切切的经历，实实在在的人生。寒山子的十年对我们来说不过是一段别人的故事，对他自己来说，却是整整十个春秋！扪心自问，在这个浮躁的尘世，哪个人能够只身遁入空门，仅有松涛、黄老为伴，又有几人能坚持十年呢？

世间之事，无非历经万劫，方见莲华。并不是这些高僧禅师偏爱山林和孤独，而是因为很多问题，真的需要用一生的光阴才能解答。

可是，对普通人来说，一生，毕竟太漫长了。很多困惑和迷思，都是需要当下解决完了，才能安心上路、继续修行的；很少有人能够耐心地等着岁月的沉淀去完整、详尽地解答那些问题。况且我们也不可能抛下家人、朋友，遁入深山静悟。事实上，我们的很多烦恼正是来自与身边人的争执和与自己内心欲望的搏斗。

面对这些关于自己和别人的纠结、欲望与渴望的缠绕，我们怎么做，才能既不是草草应付，又能切实地解决当下的烦恼呢？

一个年轻人和我们有着类似的困惑，他便去向佛陀请教。我们不妨来听听他们的交谈。

年轻人问："人生在世，究竟如何才能既让别人开心，又令自己快乐，从而获得真正的幸福呢？"

佛陀笑着望向他，说："在你这个年龄，能有这样的想法和愿望，已经很难得了！很多比你年长许多的人都还不懂得探寻幸福的真谛和秘密呢！"

年轻人听着，脸上并未因佛陀的称赞而露出得意之色。

佛陀接着说："我送给你四句话。第一句话是：把自己当成别人。你能理解这句话吗？"

年轻人回答："是不是说，在我忧虑、痛苦的时候，就把自己当成是别人，心里想着'事不关己'，这样痛苦就相对减轻了；当我欣喜若狂、得意忘形时，也把自己当成别人，心想'那些成就是别人的'，这样狂喜和得意也会缓和一点？"

佛陀微笑着点头，接着说："第二句话是：把别人当成自己。"

年轻人略一沉吟，说："嗯，这样就可以真正同情别人的不幸，理解别人的需求，并且在别人需要的时候给予力所能及的帮助。"

佛陀更加赞许，继续说道："第三句话是：把别人当成别人。"

年轻人想了一会儿，说："这句话的意思是不是说，要充分地尊重每个人的独立和隐私，不经允许的过分亲近和热心只会招来反感，在任何情形下都不要去侵犯他人内心的幽秘之地？"

佛陀哈哈大笑："不错，很好！第四句话是：把自己当成自己。这句话需要时间的沉淀才能悟透，留着你以后慢慢品味吧。"

年轻人说:"这句话的含义,我一时体会不出。但这四句话之间有许多自相矛盾之处,我用什么才能把它们统一起来,从而得到那个最核心的'幸福'呢?"

佛陀说:"用一生的时间和经历。"

年轻人若有所思地辞别了佛陀。

不必说,这位年轻人后来成为一位尽人皆知的智者,他最令人羡慕的就是那发自内心的快乐和让别人也跟着快乐的温暖气质。

"把自己当成别人,把别人当成自己,把别人当成别人,把自己当成自己。"这是充满了智慧的一句话。每个人都应该对此有自己的理解,也许与佛有缘的人马上就能有所领悟,但是更多的人还需要时间沉淀才能完全理解。

但无须怀疑的是,不论我们面对的是关于自己的烦恼,还是关于他人的纠结;不管给我们启迪的是懂得人生智慧的佛陀,还是一位普通长者,最后能给我们完美回答的,只有时间、只有一生、只有我们自己。届时,你会把今天参悟的"来时路"忘却吗?

第 2 章

从从容容,保持一颗平常心

摈弃执念,放下挂碍浑身轻松

不执着身,不执着身业。不执着心,不执着意。

——《华严经》

【佛偈释义】

这句话的意思是:不执着于身体、身份,不执着于行为,不执着于内心,不执着于意念,旨在传递一个精神——什么都不要太执着。佛家之所以鼓励人们舍弃全部执念,就是因为执着会引发痛苦、纠结、怨怼、愤懑、悲伤,会让人失去平常心。我们有时背负了太多情感包袱,长此以往,就会失去前行的能力,失去长远的眼光,被重重包袱压得弯下腰,只能看到眼前三寸地。所以,舍弃不该有的执念吧,无挂无碍,一身轻松。

历史上,多少前人把他们的人生当儿戏,给后人展示了一条条由执念铺就的弯路。

周幽王为讨美人褒姒一笑,不顾后果大玩"烽火戏诸侯",结果"狼来了"喊多了,当敌国军队真的打到镐京的时候,没有一个人前来勤王,自己因此丧命。

吕不韦舍不得一国丞相的权位,面对强势的嬴政不避不讳,最终遭嬴政贬斥,在忧郁中饮毒自尽。

韩信舍不得冠绝天下的功名,不肯急流勇退、退隐山野,结果,一朝被吕后算计,死在了长乐宫的钟室里。

和珅舍不得万贯家财,倚仗乾隆帝的宠信,赌上性命与嘉庆帝斗法,不肯散财消灾,乾隆帝一死,和珅立刻就遭到清洗,不但家财尽失,还丢了性命。

美色、权位、功名、财富……古人所执着的挂碍当真不少,不过他们也最终因这份执念付出了足够惨重的代价!

我们只有这唯一的一颗心,它来到世间的时候一尘不染,祥和从容,轻盈得都能够飘起来。后来,它遇到了一件东西,便装在身上,之后又遇到了一件东西,再装起来,它遇到的东西越来越多，身上也就越来越重，有朝一日，当它再也无力前行时，我们的人生也就走到了终点，到那个时候，我们就会像那些古人一样追悔莫及。

我们的心何必那么执着呢？人生之路很长，走到终点极为不易，最好的方法就是甩掉心中的全部包袱、舍弃所有挂碍，轻轻松松地一路"裸奔"。

深山中有一座古老的寺庙，方丈在这里修行三十多年了，他从容淡泊，一心参修佛法。有一天，他在林间漫步，偶然发现了一株兰花，这株兰花姿态曼妙，色彩清丽，俨然一超凡脱俗的仙物。方丈很高兴，立刻将其小心翼翼地移植到花盆中，带回庙里，每天细心照顾，看护有加，像珍视生命一样珍视这株兰花。

有一天，方丈要外出办事，一连好几天都不回来，别的事情倒是不重要，关键是这株兰花。方丈反复叮嘱弟子，一定要看好兰花，弟子欣然应下。不料没过两天，弟子就将师父的叮嘱忘到一旁，粗手粗脚地打翻了花盆，整盆兰花都摔在了地上。弟子吓坏了，他心想方丈回来若是看到了这番情景，肯定会大发雷霆。

第二天，方丈回来了，他知道了事情之后，并没有生气，只是心平气和地说道："我种兰花是为了修身养性，而不是要增添一份执念，让心生出挂碍。修佛者自当舍弃世间所有的挂碍，这才是我们出家人应有的秉性。"

世间最从容的心态就是无所牵挂，无所执着。大笑要有度，流过的眼泪也要忘怀，没有什么值得我们几十年如一日地念念不忘。不为不幸执着，我们就不会痛苦不已；不为不平执着，我们就不会愤懑不止……

不执着，舍弃一切挂碍；不生执念，从容前行。

摈弃怨念，身处苦中亦可作乐

不计众苦，少欲知足。

——《无量寿经》

❤【佛偈释义】

这句话的意思是：不去计较吃了多少苦，欲望少了，才会知足。佛家修心最忌讳的就是怨念，人们一旦心有不甘，首先就会心生怨念，之后便会千方百计地强索更多，以便平衡不甘、消除怨念。但很可惜，怨念一经产生，只会随着欲求的增多而日渐炽盛，不会消亡。最根本的，也是唯一能够根绝怨念的方法就是以苦为乐。如果我们能够做到身在苦中却能甘之如饴，则苦不觉苦，自然不会再心生怨念。

心有怨念的人将苦视为不平不幸，纵使衣食无忧也不会有丝毫的宽慰，这种人重视的是"比较的快乐"；心无怨念的人将苦视为安贫乐道之法，即便只是"一箪食、一瓢饮、在陋巷"，心中亦是满足，这类人看重的是"自娱自乐"。

前者的怨念恐怕无法轻易消除，除非世上的人都长着一样的脸，否则美丑相较便生怨念；除非世上的人都长成一样的身量，否则高矮相较便生怨念；除非世上的财富能够平均分配，否则贫富相较便生怨念；除非天降的好运能够公平赐予，否则一旦纠结起好运与霉运的差别来，便生怨念。

至于后者，由于他们原本就没有苦乐的概念，所以，无论是锦衣玉食，还是粗茶淡饭，他们都会以一颗平常心对待，从容度日。

弘一大师出生于一个富贵家庭，家里经营着很多家银号，家境相当殷实。弘一大师的父亲去世时，就连时任直隶总督李鸿章都前来参加丧礼。那个时期，弘一大师尚未出家，作为一个真正的豪门公子，他交游广泛，出手阔绰，贵气逼人。

不过世事风云变幻，后来，弘一大师家道中落，经济条件一落千丈。但是，弘一大师没觉得有什么不同,他找了份工作养家糊口,还不时地省下钱救济穷困学生。

弘一大师准备出家时,将家里的收藏全都舍弃掉了——西洋画与美术书籍捐献给了北京美术学校;印章送给了杭州西泠印社;字画送给了好友夏丏尊;还有十余年间收藏的音乐及书法作品都转赠给了别人。

他就这样散尽家财,赤条条入了佛门。修行的生活不比红尘享乐,弘一大师平时所穿所用,不过几件普通僧袍、几床破旧棉被、几本经书,还有就是几支已经用秃了毛的毛笔。

在吃食上,弘一大师平时吃的不外乎青菜、萝卜,用白水煮熟加盐即食,且恪守戒律,每天只吃一餐,过午不食。

在财务上,大师一向不在意,他虽出身豪门,却难得的没有沾染铜臭,不囤积财物,也很少接受弟子们的供养。潇潇洒洒,孑然一身。

在弘一大师眼里,富贵的日子从容过,清贫的日子也一样从容过,无所谓富贵,也无所谓苦乐。既然无论什么样的日子都甘之如饴,那么心中怎么会生出怨念呢?

我们不是弘一大师,很难在进出于富贵、周旋于清贫中都做到从容淡定、悠然自乐,不过,我们至少可以克制自己的攀比心,不让攀比坏了我们的清净之心。

如果我们眼中的美与丑、高与矮、富与穷、幸运与霉运不再尖锐地对立,心中的不甘也就能逐渐消失,当一切恢复平衡,我们的心也就能够从容平和了。

淡化苦与乐的界限,拒绝怨念吧!因为无论选择哪一种生活,我们都会一天不少地过完我们的一生。

摒弃痴念，机缘了了念就消散了

一切有为法，如梦幻泡影，如露亦如电，应作如是观。

——《金刚经》

❤【佛偈释义】

这句话的意思是：世间一切都是因缘集合的产物，是梦幻一般的泡影，就像清晨凝结的露水，片刻便会挥散；也像划过天际的闪电，转瞬便会消逝，人应该这样看待这个世界。人们生了痴念，往往是因为心智迷蒙，看不清这世界的本相，参不透这世间的真理，不懂得万事万物皆是因缘而聚，因缘而散，便急躁了、轻率了、狂妄了，失去了平常该有的从容。鉴于此，我们的心要紧紧地依随机缘的变化，缘起则生，缘尽则散。不生痴念。

一条小鱼在海中游来游去，满脸愁容。这时，一条大鱼游了过来，问道："孩子，你怎么了？不舒服吗？"

小鱼回答说："我常听别人说起大海的故事，那这大海究竟在哪儿啊？我怎么找不到呢？"

大鱼有些诧异地回答说："孩子，你还要去哪里找啊？这里就是大海啊！"

小鱼惊呆了，急得大叫道："可是我怎么看不到呢？"

大鱼解释道："大海广大，你在它的里面，它在你的周围，你生在这里，也将归于这里，你眼中所见、身之所处，无一不是大海。"

小鱼心痴了，心智因此而迷蒙混沌，原本立于眼前的真相看不清楚，原本很简单的事情想不透彻，所以才做出身在大海还急着到处找大海的傻事。

世间之事，讲求的都是机缘，所以佛总是说"不强求""不执着"，更何况很多时候强求也没有意义，机缘若是尽了，我们纵然心急如焚，到最后也只能就此罢休。

金庸武侠名著《天龙八部》中有这样一个悲剧性的角色——慕容复。他本是燕国皇族后裔，后来迁居江南。慕容家的男子都以兴复燕国为己任，到了慕容复这一代，作为家中独子的慕容复当然要继承祖宗遗志，兴复燕国做皇帝。

为此，他曾带着逍遥派三十六洞的洞主和七十二岛的岛主上缥缈峰灵鹫宫向天山童姥逼宫；他也曾在少林寺伙同游坦之、丁春秋对付萧峰，并打算收买中原武林人士，为他所用；他更曾撇掉一路追随其左右、对其一片真心的表妹王语嫣，跑到西夏参加驸马征选；到最后，他干脆拜段延庆为义父，打算先当大理皇帝，再改称大燕皇帝。

可惜的是，他一件事都没有办成，所谓复国梦就只能是一个梦。

慕容复的悲剧就在于他太痴了，燕国已经成为历史，那份机缘早就已经尽了，可他还在犯迷糊，还在浑浑噩噩地一味强求，时而寝食不安，时而焦躁张狂，甚至时而轻率冒失，结果到最后逼疯了他自己。如果他能够参透这机缘的奥义，看清楚天下大事的变化趋势，心随着缘尽而痴念消散，那么，他的人生本不必这么悲剧。

其实，看透机缘并不是十分困难的事，你只需要记住机缘的一个特征——机缘不可逆。所谓不可逆，也就是说曾经出现过的机缘往往不会再出现。守株待兔故事中的那个农夫就不懂得机缘不可逆，他看见一只兔子自己撞到了树桩上，就立生痴念，天天守在树桩旁，等待兔子再次撞上。世间不存在故意撞死自己的兔子，从古至今也没有坐等兔子自杀的道理，那次碰撞不过是一个巧合，是转瞬即逝的机缘，绝对不会发生第二次。兔子死了，机缘也就尽了，心再为之所动，便是痴念了。

为了我们能始终保持平常心，当机缘一闪而逝时，就由它消散罢，我们不急不躁，不混沌迷蒙，不强索强求，也就不生痴念了，到最后也就会从容不迫、清醒明确地继续前行了。

摈弃贪念，欲望越多路越难行

多欲为苦，生死疲劳，从贪欲起。少欲无为，心身自在。

——《佛说八大人觉经》

【佛偈释义】

这句话的意思是：世间所有的苦难都源自贪欲，生死、疾病、劳苦，统统都是因贪念而起。清心寡欲，无欲无求，内心自然平和从容。佛家所谓"贪"，就是渴望一切顺境。渴望顺境并不是罪恶。问题在于"一切"二字上，我们不能贪心到想要攫取世界上所有的便利，就只为打造和维系自己的顺境。人心不足，贪念太盛，这便是罪恶了。

相较于死之绝境，生就是一种顺境。为了摆脱死亡，人们对生的贪念往往无以复加。中国第一个皇帝——大秦王朝的始皇帝，面对死亡也心生畏惧，于是便对生有了贪念，以至于做出了求仙药、仙丹的荒唐事，就为了能够长生不死，永远活在生的顺境里。

相较于疾病之困境，健康就是一种顺境。为了治愈疾病，人们对健康的贪念常常不由自主。明世宗嘉靖皇帝对健康长寿有着相当大的贪念，他身为皇帝，不思朝政，专门研究神仙方术、上玄伎俩，服用道士炼制的不明原料的丹药以求身体康健，妄图一直活在健康和长生不老的美梦里。

相较于劳苦之逆境，享乐就是一种顺境。为了能远离劳苦，人们对享乐的贪念往往放之任之。三国时期蜀汉皇帝刘禅为了让自己能无所顾忌地享乐，将军政事务全都推给了诸葛亮，自己一个人享清闲。做了亡国之君后，为了能够继续享乐，他居然无耻到用一句"乐不思蜀"来保住他"安乐公"的荣华富贵，使自己活在享乐的顺境里。

只要存在顺境，人们就会对其产生过度的渴望，之后便会失去平常心，心生贪念。有一天，一个小和尚在跟他的师父与大师兄一起吃饭时发现，他的师父得到了六个馒头，大师兄也得到了六个馒头，而他却仅仅得到了四个馒头。小和尚觉得这太不公平。凭什么师父可以得到六个馒头，大师兄也能得到六个馒头，而自己却只有四个馒头？

于是，小和尚找到他的师父，也要六个馒头。他的师父说："你要六个馒头，能吃得下么？"小和尚立即大声地回答道："当然能！"

师父当真就给了小和尚六个馒头。小和尚也将这六个馒头全部吃掉了，他吃得非常饱。小和尚拍着自己的肚子高兴地对他的师父说："师父你看，我把这六个馒头都吃掉了，我就说我能吃下六个馒头吧。"师父微笑着看他说："这六个馒头，你是吃掉了，但至于明天你是不是还要六个馒头，还是明天再决定吧！"

片刻之后，小和尚感觉口渴了，就去喝了一碗水。这时，小和尚的肚子更胀了，他难受得不得了，根本没有办法像往常那样念经了。此时，小和尚的师父对他说："你看你刚才犯了贪心的毛病，现在是不是很难受？"小和尚认识到了自己的错误，捂着肚子说："师父，以后，我还是要四个馒头吧！"

对于小和尚来说，四个馒头就足够了，完全可以满足他对食物的需求，能让他免受饥饿之苦。可没想到，小和尚对顺境的渴望从一开始能饱腹的四个馒头，到了与师父、大师兄一样多的六个馒头。若不是他最后胀得太难受了，他还会对顺境继续渴望下去。

正如前文所言，渴望顺境不是罪恶，没有人会甘愿放弃康庄大道，偏往荆棘小径上疾行；可一旦我们对顺境的渴望变成没完没了的攫取，那么，我们的心就有了贪的罪恶。为了这贪之恶，我们会牺牲掉从容和清醒，而我们前行的道路也不一定会因此变得顺畅。秦始皇没有得到长生，嘉靖帝也没有实现身体康健，至于刘禅，他虽然享乐到了生命最后，但他所面对的嘲讽和责难数不胜数。过多的欲望遮蔽人的眼睛，行走于世间，从从容容是最好的结局。

摈弃嗔念，生气与否皆为浮云

世间骂者，亦有二种：一者实，二者虚。若说实者，实何所嗔？若说虚者，虚自得骂，无豫我事，我何缘嗔？

——《优婆塞戒经·羼提波罗蜜》

【佛偈释义】

这句话的意思是：世间的骂，也有两种：第一种是骂的内容真实，第二种是骂的内容虚假。如果骂的内容是真的，那你在生什么气呢？如果骂的内容是假的，那么骂的那个人自会招致骂名，跟我一点儿关系都没有，我又为什么要去嗔恨呢？根据佛经的理解，若是对方骂得对了，需要改错的我们就没有生气的理由了；若是对方骂得不对，毫无过错的我们就更无须生气了。

佛陀历经岁月蹉跎，面对世间众生，究竟承受了多少谩骂呢？想必一定如繁星般难以计数，如海水般难以称量。但是佛陀是什么反应呢？他永远姿态从容，一脸祥和，佛陀拥有的，就是一颗不生嗔念的平常心。遭遇当头骂喝，生气，一切如此；不生气，一切依然如此，那么，我们何必还要生气呢？

从前，有一位道行高深的大师，名叫白隐，他性情温和，待人做事从容淡然，凡是见过他的人从未见过他生过嗔念，动过怒气。

白隐大师所住寺庙旁有一家小吃店，店主人是一对夫妇。这对夫妇膝下有一个女儿，小女孩漂亮活泼，很招人喜欢。有一天，店家夫妇发觉女儿的神态有些不正常，追问之下才得知原来女儿怀孕了。

未婚而有孕，单纯的女儿一定是被坏人欺骗了！夫妇俩暴跳如雷，逼问女儿孩子的父亲究竟是谁。女孩实在是抵不住压力了，便吞吞吐吐地回答道："白隐……"

这对夫妇即刻怒气冲冲地冲到庙里，找白隐理论。这夫妻俩越说情绪越激动，最后破口大骂，言辞极为难听。

面对扑面而来的谩骂，白隐大师丝毫没有生气，更没有针锋相对地回击，他只是淡淡地说："就是这样吗？"

见白隐大师是这等反应，夫妻俩非常无奈，只得回家，坐等足月之后孩子生下来，就直接送进了寺里，交给了白隐大师。

此后，他们逢人便说白隐大师是个淫僧，就这样，没过多久，越来越多的人知道白隐大师破戒，骗女孩怀上孩子的事。

对此，白隐大师还是不生气，他悉心地照顾孩子，每天都向周围的邻居乞要婴儿的奶水，当然也承受了更多、更难听的谩骂和指责。可大师依旧从容，不嗔不怒。

一年后，女孩实在不忍心再欺瞒下去了，便向父母承认，这孩子是邻居中一个年轻男孩的。这对夫妇得知了真相，当即带着女儿到寺中向白隐大师道歉，请求大师的原谅，希望能够带回孩子。

此时的白隐大师依然从容，他将孩子交还给那对夫妻，并淡淡说道："就是这样吗？"

真相大白了，白隐大师恢复了名誉。事情传开后，很多人转而责骂那对夫妇，觉得他们在什么事情都没有查清楚之前就辱骂一位德行出众的高僧，实在是太不应该了，于是，社会舆论又沸腾了。

面对这些纷乱，白隐大师始终毫不在意，淡然做好自己应该做的事情，从容应对。

白隐大师做错事了吗？当然没有，那对夫妇，以及那些道听途说的人的所有谩骂都是虚言，根本不值得理会，自然无须生气。事情早晚会澄清，真相迟早会显现，我们何必让自己为这荒唐的指控徒生闷气呢？

天要下雨，人要骂人，随他去吧。随着时间的流逝，别人的谩骂与指责都会成过眼而逝的云烟，而我们的嗔念与怒意也都会成为擦身而去的浮云，只要我们不嗔、不怒、不生气，一切自然能够从容应对。

第 3 章

心中存有善念，胸中常怀慈悲

最大的爱是慈悲

大慈与一切众生乐,大悲拔一切众生苦。

——《大智度论》

【佛偈释义】

这是《大智度论》卷二七中的一句名言,大致意思是:所谓大慈悲心,就是要让众生离苦得乐。佛教认为,悲是一切善的根源,慈是一切力量的根源。当然这种慈悲不是"小我"的慈悲,而是"大我"的慈悲。慈悲是最大的爱。

在广州白云山能仁寺中有这样一副对联:"不俗即仙骨,多情乃佛心。"佛本多情,将天下苍生的喜忧福祸放存心中,这是禅法的心意。

佛本多情,时时惦记着天下苍生。修禅者的心境,是以慈悲之心,普度众生。佛法中的慈,是慈爱众生并给予快乐;而悲则是同感其苦,怜悯众生,并拔除其苦,二者合称为慈悲。大慈大悲正体现了佛心的深情,一个真正成佛的人往往是用情最深的人。

佛的慈悲心就像是环绕周身的清新空气,从来不曾远离世间所有生灵。

相传萨波达王是一位修行者。他夜以继日,诚心诚意,锲而不舍,精进地修行菩萨道,惊动了天界。帝释天为了测试他的诚心,即令侍者化成一只鸽子,自己则变成一只鹰,在鸽子后面穷追不舍。

萨波达王看到鸽子的危难处境,挺身而出,把鸽子放进怀里保护着。老鹰吃不到鸽子,非常不满,责问他说:"我已经好几天没吃了,再吃不到东西就会饿死。修行人不应该以平等视众生吗?现在你救了它的命,却会害了我的命啊!"

萨波达王道:"你说得也有道理,为了表示公平起见,鸽子身上肉有多重,你就在我身上叼多少肉吃吧!"

帝释天使用法力使放在天平上的萨波达王的肉总是比鸽子肉轻。萨波达王忍痛割下自己的肉，直到割光全身的肉，两边重量还是无法相等。萨波达王只好舍身爬上天平以求均等。

看到萨波达王的舍身，老鹰、鸽子全部变回了原形。帝释天问萨波达王："当你发现自己的肉已割尽，重量还是不相等，你是否有悔意或怨恨之心呢？"

萨波达王答道："行菩萨道者应有难行难修、人溺己溺的精神，为了救度众生的疾苦，即使牺牲生命也在所不惜，怎会有后悔怨恨之心呢？"

帝释天被他的慈悲心以及无畏的精神所感动，又使用法力，使他恢复了健康。

鸽子的生命很重要，老鹰的饥饱也很重要，只有自己不重要。这种"我不入地狱，谁入地狱"的慈悲心使萨波达王能够坦然地舍弃自我，舍生取义救护众生。

萨波达王能以这样的慈悲心待人，正是因为他心中自始至终都有一种"你重要，他重要，我不重要"的观念。佛学大师们也一直以此为自己生活修行的准则，正因为内心对慈悲精神的无限敬仰与憧憬，并以此为言行准则，不知结了多少人缘，免除多少纷争，给人多少希望，予人多少欢喜。所以，佛家大师一向提倡"你大我小，你有我无，你乐我苦，你对我错"。若人人都能如此，人间何愁有什么问题不能解决呢？

一个再平常不过的清晨，洒水车司机发现了一个衣衫褴褛的小男孩一直尾随其后，一条街，又一条街。司机终于忍不住好奇，停车询问。原来小男孩是个孤儿，今天是他的生日，而洒水车放出的音乐，正是那首《祝你生日快乐》。司机得知原委，怜悯不已，邀请小男孩坐进驾驶室。那个清晨，整座城市都飘荡着温馨的生日歌。

生命因有了爱而更加富有，因付出了爱而更有价值、更为芬芳。一首生日歌，就给一个孩子带来了莫大的快乐，温暖着他，也温暖着每一个读到这个故事的人。

俗话说，"投我以桃，报之以李"，今天我们帮助他人，给予他人方便，他人可能不会马上报答我们，但他会记住我们的好，也许会在我们不如意时给予回报。退一万步来说，我们帮助别人，他即使不会报答我们，至少也很难违心地做出对我们不利的事情。如果大家都来帮助我们，都不给我们添乱，不做对我们不利的事情，这不也是一种极大的帮助吗？

生活的目标是善良，这是我们的灵魂所固有的一种感情。行善是一种美德。善行既可以帮助身处困境中的人，又可以使自己的心灵得到安慰，使自己的修养得到提升。

当我们将手中的鲜花赠予别人时，自己已经闻到了鲜花的芳香；而当我们要把泥巴甩向其他人的时候，自己的手已经被污泥染脏。与其以自我为中心在疏远冷漠中承受孤单，不如走出自我封闭的心门，在融洽的互相交往中感受快乐——彼此的快乐。

愿做一棵树，给行路人乘凉；愿是一道桥梁，让众生渡过河流寻到他们的目的地；愿做一盏灯，给众生光明及正确的方向。

佛陀教会我们要以慈悲心待人，满怀一颗善心，多做些善事，对人对己都是件好事。多情乃佛心，当我们对世间的人与物用情，多行善事，我们也能像佛陀那样满手都是慈悲事。

以平等之心待人待己

心佛众生三无差别。

——《华严经》

【佛偈释义】

这句话的意思是：我们的心，与佛，与众生，没有差别。佛教所说的平等，不是局部的，而是全面的平等，不单说人与人平等，佛与佛平等，人与佛、人与动物、人与天神鬼狱都是平等的。不单说有情平等，一切心法、一切色法、因法与果法，无不平等。

有人说："世间万事万物都是平等的。"也有人说："世间没有完全平等的事情。"诚然，表相上的平等很难达成，但我们可以从心理上建立平等的观念。世间大小尊卑岂有一定的标准？我们唯有摒除成见，彼此共尊，人我同等，怀待己之心去待人，相互接纳，才能和平相处，共享安乐，也才能真正领悟佛法中"众生平等"的真谛。

佛道求真性，尊重人的自性与本性，这也是佛家尊重人的地方。佛重视发展人的自身潜能，主张自修自悟。同样的道理，用自己的心推及别人，自己希望怎样生活，就想到别人也会希望怎样生活，怀着待己之心去对待他人，做到众生平等，那么也就能很好地理解所看到的一些事情了。

如果没有平等，便谈不上善良。一个高高在上的有钱人施舍一点残羹冷炙给乞丐，这不是善良，而是怜悯。佛法中的慈悲与善良之所以伟大，就在于佛祖是站在与众生平等的位置上来展示自己的慈悲与善良的。

凡事能怀着待己之心来对待他人，平等对待世间事物，这是一种高尚的人格修养，也是一种同理心的表现。在与人交往的过程中，要能够体会他人的情绪和想法，理解他人的立场和感受，并站在他人的角度来思考和处理问题。做到平等待人，也就容易获得他人的尊重。

周文王是商末西方诸侯之首,他为了做好兴周灭商的准备,网罗人才,礼贤下士。

有一天,周文王到位于渭水不远的地方打猎,看见一位老人端坐在潭边垂钓。此人长须飘拂,仪态安详怡然。只见他一本正经,目不斜视地垂钓,文王走到近旁也没有惊动他。过了一会儿,老人把鱼竿向上一提,没见提上鱼来,却见尾端系着一个直钩,文王不解地问:"直钩钓鱼能钓上来吗?"老人慢条斯理地答道:"我做事从不强求,愿者上钩。"

文王见此人语出不凡,便上前深施一礼。在交谈中,文王得知他姓姜名尚,人称姜子牙。此人曾在商都朝歌屠牛卖肉,又在各处卖酒,一直穷困潦倒,年过花甲仍无用武之地,连妻子也离他而去另嫁他人。他听说文王礼贤下士,就来投奔。但无人引见,只好天天在渭水边钓鱼,等待时机。

他与文王的一番谈话很有见地。文王也不因他的贫贱而看低他,反而对他说:"当年我的先祖太公曾说过,将来一定会有圣人来到我们这里,帮助我们兴旺发达起来。先生就是那位圣人吧?从我们太公起,到先父,到我,盼望您很久了。"

于是姜子牙欣然随文王回国都,尽心辅佐。

文王渭水屈身访贤的故事传遍全国,许多有本事的人知道文王礼贤下士,纷纷前来归附。文王对所有贤士都很恭敬、信赖,不讲地位、身份,众谋士都鞠躬尽瘁忠心辅佐文王。

周文王正是做到了礼贤下士,平等对待每一个人,才得到了这么多贤士的拥戴和辅佐,终成就了一方霸业。

在与人交往中,想要建立好人缘,需要我们敞开心扉,摆脱世俗的偏见,而不能心存高低贵贱的想法。因为只有平等待人,别人才愿意接纳我们,也才能够赢得别人的尊重。如果总是以居高临下的姿态去对待别人,就会失去很多愿意和我们做朋友的人。

在生活中,我们少不了要与人合作。这就需要我们平等地对待他人,并且要互相尊重、互相理解,这样我们的交流与合作才能顺畅进行。

慈悲随处可见

慈悲兹心亦非心，无心慈悲是真心，真心慈悲无兹心，无心权作有心心。

——佛家禅语

【佛偈释义】

这是佛家十分经典的禅语，意思是说，真正的慈悲之心是忘我的，没有任何私心杂念的。在佛家的眼中，宁可失去一切，也不能没有慈悲。慈悲无处不在，即使是一滴水中也有大慈悲。

世界是一个统一的整体，我们从来都是与我们周围的事物和自然融于一体的，关怀它们，实际上也是在关怀我们自身。万事万物在自然界原本都是应该享有自由的。因此，常存一颗悲天悯人的心，不仅仅是一种博大的胸怀，更是对人生与自然的一种理解和顿悟。

出家人以慈悲为怀，他们视众生为平等，也望众生彼此平等以待，互尊互敬，这份慈悲之心不言而喻。佛法十分注重慈善之心，而且一直都教导人们一心向善。佛法对善良的理解往往要比我们在世俗中的理解深刻得多，这也正是佛法的高深所在。佛法中的慈悲与善良之所以伟大，就在于佛是站在与众生平等的位置上来展示自己的慈悲与善良的。但凡在修习佛法上得道的高僧，其慈悲之心皆不输佛。比如历史上有一位滴水和尚，便是在慈悲中豁然开悟的。

滴水和尚十九岁时就上了曹源寺，拜仪山和尚为师，刚开始时，只被派去替和尚们烧洗澡水。

有一次，师父洗澡嫌水太热，便让他去提一桶冷水来。他提了冷水来，先把部分热水泼在地上，用冷水把热水调凉后，又把多余的冷水也泼在地上。

师父开口教导他："你这么冒冒失失的，地下有多少蝼蚁、草根，这么烫的水下去，会毁掉多少性命。而剩下的凉水，用来浇灌，可活草、树。你若无慈悲之心，出家又为了什么呢？"

他于是开悟了，并以"滴水"为号。

这就是"曹源一滴水"的故事。曹源既是曹源寺，也是曹溪的源头，这也正是真禅的源头，即后来六祖慧能修身过的曹溪。

佛法对人是十分讲究慈悲的，甚至延及所有生灵，即使是再小再卑微如一只毫不起眼的小蚂蚁，在佛家眼中也是一条生命，它与我们人类的生命本质上并没有什么区别，也应该享有生命的权利和尊严。

佛法中不杀生、众生平等的观念、教义都极为深刻地体现了佛法对宇宙间生命的尊重与关怀。释迦牟尼佛曰："一滴水中有四万八千虫。"一个生命，无论其多么卑微，在这个世界上都应该有自己的一席之地。即便是水中看不见的生物，一样应该得到人的尊重，一滴水中也有三千慈悲。

在这偌大的地球上，人们与身边的人、事、物有着藕断丝连的关系，既然共生于同一个空间，我们就应该互尊互敬、平等友爱。生命的联系当中存在着一个又一个的蝴蝶效应。可能因为我们做的某一件错事，引发了一连串的反应，最后遭殃的还是我们。所以对众生抱有慈悲之心，对生活抱着平和度日的态度，不但可以消除争端，人的内心也会自在。

但是慈悲也必须以智能为前导，否则便会弄巧成拙。只有慈悲，没有智能，好比飞鸟片翼无法飞翔，车舆单轮无法行走。没有智慧引导的慈悲，便很可能会泛滥。所以，在大师的眼中，真正的慈悲，并不仅仅是微笑、赞美而已，有时严厉的折服也是慈悲。

常常到寺院中拜佛的人会发现这样的细节：一进山门，首先便会看到一尊弥勒佛，他笑容满面，在山口欢天喜地地迎接所有信徒；但进入山门之后，便会看到威严的韦陀护法天将，他手拿金刚杵，身穿盔甲，面色严肃令人不由得心生畏惧。

星云大师说："有的人在爱的慈悲鼓励中可以进步，有的人在严厉的折服里有所警惕。"所以，严厉有时候也是一种慈悲。

不管是严厉的慈悲，还是微笑的慈悲，都是众生的大慈悲。

只要我们有一念之慈，万物皆善；只要我们有一心之慈，万物皆庆。一念慈悲，不会伤害万物，万物当然欢喜；一心实践慈悲，万物受到爱护，当然就会庆幸。

　　一滴水珠中也有三千慈悲，希望我们都能满怀慈悲之心对待他人，别人会因你的慈悲之心忘却痛苦，温暖更多的人。

本是仙佛种，随处可开花

一切众生悉有佛性。无量相好庄严照明。以彼性故，一切众生得般涅槃。

——《大法鼓经》

【佛偈释义】

这句话的意思是：一切众生都有佛性，无量相好庄严光明照耀。因为众生皆有佛性，所以皆可证得涅槃。所以说，人与佛并没有什么本质的区别，只要我们愿意去努力，终有一天，我们也能达成所愿。

几百年前，有一位读书人到处拜佛求仙，访到宜兰一座山上，就在崖上题了一首诗：三十三天天重天，白云里面有神仙。神仙本是凡人做，只怕凡人心不坚。

在此人的眼中，佛本来就是凡人，身为凡人皆可成佛、成仙，而这所有的变化都源于自己的那颗心。正应了那句话：一切法唯心所现，为识所变。世间万物的表象都是相由心生，拥有什么样的心，就会拥有什么样的外表；拥有怎样的见识眼界，就会拥有怎样的行为举止。

每个人都是佛在尘世撒下的一粒种子，都能开花，每个人都可成仙成佛。所以在佛教中的"佛"并非"禅"而是人。

众生由于因果业报千差万别，众生的本体自性却并无二致。任何人都不必妄自菲薄，也不要把成功的人看得太过虚幻和不真实。其实很多时候只要你想，努力了，你也能成功。

人与佛之间的差异都是人所定的，一切众生都有佛性。

有个小和尚曾满怀疑惑地去见师父："师父，您说好人坏人都可以度，问题是坏人已经失去了做人的原则和底线，如何算是人呢？既不是人，就不应该度化他。"

师父没有立刻作答,只是拿起笔在纸上写了个"我",但字是反写的,如同印章上的文字左右颠倒。

"这是什么?"师父问。

"这是个字。"小和尚说,"但是写反了!"

"什么字呢?"

答:"'我'字!"

"写反了的'我'字算不算字?"师父追问。

"不算!"

"既然不算,你为什么说它是个'我'字?"

"算!"小和尚立刻改口。

"既算是个字,你为什么说它反了呢?"

小和尚有些茫然,不知怎样作答。

"正字是字,反字也是字。你说它是'我'字,又认得出那是反字,主要是因为你心里认得真正的'我'字;相反,如果你原不识字,就算我写反了,你也无法分辨,只怕当人告诉你那是个'我'字之后,遇到正写的'我'字,你倒要说写反了。"师父说,"同样的道理,好人是人,坏人也是人,最重要的是你须识得人的本性。于是,当你遇到恶人的时候,仍然一眼便能见到他的'本质',并唤出他的'本真';本真既明,便不难度化了。"

师父的意思再明白不过,在这个世界上,众生之间没有任何差别,不管是好人,还是坏人,都是人。所以,如果要去度人,既要度好人,也要度坏人。这也告诉我们,世界万物都是平等的,我们要一视同仁,不可区别对待。

清末民初的国学巨擘章太炎先生在《齐物论释》一书中,详细阐释了"万物都是平等的,没有高低贵贱之分"的观点。我们可以从中引申出这样一个结论,既然万物都是平等的,没有高低贵贱,那么每个个体就都是一个自在自足的个体,就像佛家所说的那样:自性圆满。

心、佛、众生原无差别,只是人的心理在作怪。

一大早,寺院门口就吵闹不休,玄素禅师前去询问,了解到原来是一个屠夫想要进寺烧香拜佛,但是寺里的僧人嫌他满手血腥,不肯让他进殿,于是双方就发生了争执。

玄素禅师看到这个情景，立刻阻止了众僧。

他问道："何事在这里吵闹？"

旁边的僧人说道："这个屠夫每天杀猪宰牛，双手沾满了血腥与罪孽，怎么能让他破坏佛门的清净呢？"

旁边的人也附和道："每天晚上，他家里都会传来猪狗牛羊的哀嚎声，听得人心烦，让人无法入睡，像他这样的人怎么可以到这里来呢？"

玄素禅师说道："佛门为十方善人而开，也为度化十方恶人而开。这位施主有向佛之心，前来礼佛，理应与别人一样平等相待，无须介怀。"

屠夫满面感激，来到禅师面前说："方丈慈悲，我杀孽太重，于心不安。于是我想要请方丈和各位法师到我家里去，我准备在家里办斋供养各位，以安慰我不安的心。我们全家斋戒沐浴三日，恳请各位光临寒舍，助我完成这个心愿。"

众人听了他的话，摇头不止。玄素禅师却用微笑化解了，他说道："在佛面前，人人平等，每个人都有同样的机会，只要与佛有缘，就可度他，佛门慈悲，不会舍弃任何人。"

屠夫也好，显贵也罢；刽子手也好，慈善家也罢，在佛家眼里，皆为平等，哪里分谁聪明，谁愚钝，谁善良，谁凶恶呢？所以玄素禅师不但毫不犹豫，而且欣然愉快地接受了屠夫的邀请去屠夫家做客。

将人分为三六九等，认为觉悟正道，得超得度只是少数特权者的专利，但这些仅仅是一些人的妄想，违背了佛的本意。有尊卑贵贱之心的人，永远悟不到人生真正的道。

心、佛、众生是没有差别的，很多人沉沦于俗世，不能自拔，所以迷失了自己的本性，还误认为佛和人不同。

因此，每个人都不必妄自菲薄，只要满怀一颗慈悲之心，舍弃一切去修行，一样能够有所了悟。

爱出者爱返，福往者福来

种瓜得瓜，种豆得豆。

——《涅槃经》

【佛偈释义】

这句话的意思是：种什么，收什么。这是自然界中种子生长的规律。同时，它与为人处世的道理是一样的。你做了什么样的事情，最终就会得到什么样的结果。

有一个青年苦于现实生活的郁闷、惆怅，情绪非常低迷，于是便到庙里走一走。

到了寺院，但见寺庙里香客不断，檀香馥郁。再看香客们的脸，一张张都写满坦然、安详、幸福，他有些迷惑：莫非佛门真乃净地，果真能净化众生的心灵？

流连寺院中，但见一位佛门老者在枯树下潜心打坐，那入迷之态令他止住了脚步。走近细看，老者面目平和而安详。

他被深深地震撼了，原来一个人可以这样平和而干净？

他坐在了老者身边，请求老者开示。他向老者谈了他心中的苦痛，然后问："为什么人与人之间要勾心斗角，纷争不已？"

老者拈须而笑道："我送你一句佛语，你去好好参悟吧！"老人顿了顿道："爱出者爱返，福往者福来。"

青年拜别大师，反复思考，每想一遍都会有新的感悟，仿佛给了他一次新的生命。

正如老者所言：爱出者爱返，福往者福来。如果心中有爱，胸中有福，却只一人独享，不与众人分享，那人生又有什么快乐可言呢？

这是佛家对善念的推崇，为他人奉献善心，为社会创造福祉，那么他人和社会必定会以善回报于我们。这就好比因果循环，我们种下了什么样的因，就将会收获什么样的果。

福往与福来犹如一对因果。追前因，才能逐后果，不执着于世俗的成果，才能找到人生的真谛。人们往往想不到自己也需要付出，反而去一味地寻求好的结果，那当然不会有什么好的结果，最后只能怨天尤人，抱怨上天不公。福往与福来间，我们都要为自己的举动负责。因果之间不仅仅只是简单的报应关系，而是真善的循环。

因果报应作为佛法教义中非常重要的一部分，是佛法世界观、人生观的精华所存，但在中国，这种思想并非起源于佛教。《易经》中很早就有了这种思想，如：积善之家，必有余庆，积不善之家，必有余殃；而孟子在与邹穆公对话时，引用了曾子的话：出乎尔者，反乎尔者也。这都是古人对因果报应的理解。古今中外，一切事情都逃不开这个因果律。

因果，最简单的解释，就是"种什么因，得什么果"，这是自然界的普遍法则，世界上没有任何一种结果不是从它的原因发展生成，"有耕耘，才会有收获；无耕耘，不可能得硕果，福往者才能福来"。关于因果之缘的古今轶事，实在不胜枚举。

春秋时期，秦穆公在岐山有一片王室牧场，饲养着各种名马。有一天几匹马跑掉了，管理牧场的马官惊恐万分，因为一旦被大王知道，定遭斩首。马官四处寻找，结果在山下附近的村庄找到了部分疑似马骨的骨头。马官心想，马一定是被这些农民吃掉了。他大为愤怒，打算把这个村庄的三百个农民全部判死刑，交给穆公处理。

马官怕秦穆公震怒，于是向穆公报告说，这些农民把王室牧场里的名马吃掉了，因此才判他们死刑。穆公听了不但不怒，还说这几匹名马是精肉质，就赏赐给他们下酒。这三百个农民被免除了死刑，高兴地回家了。

几年后，秦穆公与晋惠公交战，陷入绝境，士兵被敌军包围，眼看快被围歼，穆公自己也性命堪忧。这时敌军阵营的一角开始崩裂，一群骑马的勇士冲进来，协助秦穆公的军队战斗，这些人非常勇猛，杀得晋军节节败退，最后只得全部撤走，穆公脱离险境。

战后，穆公向这些勇士表达自己的谢意，并询问他们是哪里的队伍。结果他们回答说："我们是以前吃了大王的名马，却被赦免死罪的农民。"

这个故事正是验证了开头的佛偈，你对别人的宽容与和善，总有一天会收到他人对你的回报。因果即此理也，一念之善救人救己，人生就是如此。

一个人在其漫长的一生中所走的每一步，都为明天埋下了伏笔。我们所做的每一件事,都如同我们撒下的一粒种子,在时光的滋润下,那些种子慢慢生根、发芽、抽枝、开花,最终结出属于自己的果实。这是我们自己所种下的因、结出的果。在这个世界上,因果自有定数,做人不执着、不自私、不占有,所得与所想,虽常不一致,但皆由人自己制造。

我们种了什么种子,自然结出什么果子。善得善果,恶得恶果。因果不辜负人,同时也在教育着人。这就是佛法的智慧。

世间的爱就犹如这因果一样可以循环。爱,给予别人,不见得有直接的回报,但最终也会循环到自己身上。如果每个人在爱护自己的同时,也去关爱别人,那么最终自己也能得到更好的爱护。世间的爱与福皆在这因果当中,留等我们去播撒与收获。

慈悲不拘于哪种形式

佛心者，大慈悲是，以无缘慈，摄诸众生。

——《观无量寿经》

【佛偈释义】

这句话的意思是佛心是大慈大悲的，不附带任何条件的，却是普惠万物众生的。佛心就是慈悲心，也就是善心，是一种对万事万物所持有的悲天悯人的情怀。人性本善，在见过了各种各样残暴丑陋的事情之后，大多数人还是愿意相信人性的源点是善良的，是悲天悯人的，可见人们对善良与慈悲之心极为执着，绝不会舍弃。立于世间，我们都应当继承这种一脉相承的佛心善念，多做慈悲之事，多修慈悲之道行。

内心的戒律往往胜过外在的拘束。佛法用慈悲心和智慧心来面对生活，力行实证，让我们在繁忙中领悟到源自内心的人生幸福真谛。慈悲心像是苦海的舟航、黑夜的明灯、救世的良方。也因此，慈悲布施不一定非要遵循某种固定的形式，只要守住心戒，保持理智，形式大可不必拘泥。

所谓慈悲没有形式，我们不妨来看看这三兄弟是怎么做的。

有兄弟三人，虽然没有出家，但是喜好打坐参禅，时日久了，为了追求更高的悟境，一起相约出外行脚云游。

有一天，在日落时他们借宿于一个村庄，恰巧这户人家的男主人刚刚去世，一位妇人，带着七个子女生活。

第二天，三兄弟正要上路的时候，最小的弟弟就对两位哥哥道："你们两位往前继续参学吧！我决定留在这里不走了。"

两位哥哥对于弟弟忽然改变了主意这件事非常不满，认为他太没有志气，出外参学见到一位美貌妇人就动心想留下来，于是他们气愤地拂袖而去。

寡妇看到弟弟一表人才，就自愿以身相许。弟弟却说："你丈夫刚死不久，我们马上就结婚实在不好，你应该为你的丈夫守孝三年，再谈婚事。"

三年以后，女方提出结婚的要求，弟弟再次拒绝道："如果我和你结婚实在对不起你的丈夫，让我也为他守孝三年吧！"

三年后，女方又提出结婚要求，弟弟再度婉拒道："为了彼此将来的幸福美满，无愧于心，我们共同为你的丈夫守孝三年再结婚吧！"

三年、三年、再三年，经过九年，这一户人家的小儿小女都长大了，弟弟助人的心愿已完成，就和妇人道别，独自走上求道的路，最终证得他的佛果。

一个妇道人家要独自抚育七个年幼的孩子实在不容易，幸好有人愿意帮助她。最小的弟弟虽然不入山打坐，但甘心帮助一家孤儿寡母，不为世间的五尘六欲所转，可以说这位弟弟才是真正懂得佛的慈悲的人。而当初误以为他贪恋女色的两位兄长又怎么懂得他内心的真实想法呢？

慈悲的方式多种多样，只要出于慈悲、守住心戒，即使违背了修行中某些形式上的戒律，也依然能够修成正果。

关于慈悲和守戒，还有一段荣西禅师的往事。

有一次，一个穷人来到荣西禅师面前，向他哭诉："我们家已经好几天揭不开锅了，上有老，下有小，一家人眼看就要饿死了，请师父发发慈悲，救救我们吧，我们一家人将感激不尽，永远记得师父的恩德……"

荣西禅师面露难色，虽然他想救这家人，可是连年大旱，寺里也是吃了上顿没下顿，让他如何救这家可怜的穷苦人呢？荣西禅师一时束手无策。

突然，他看到身旁的佛像，佛像身上是镀金的，于是他跪下告罪后，攀到了佛像上，用刀将佛像上的金子刮了下来，用布包好，然后交给穷汉，说道："这些金子，你拿去卖掉，换些食物，救你的家人吧！"

那个穷人看到禅师这样，含泪说道："我这是罪过呀，逼得禅师为难！"

荣西禅师的弟子也忍不住说："佛祖身上的金子就是佛祖的衣服，师父怎可拿去送人！这不是冒犯佛祖吗？这不是对佛祖大不敬吗？"

荣西禅师宣了声佛号，认真答道："你说得对，可是我佛慈悲，他肯定愿意用自己身上的肉来布施众生，这正是我佛的心愿。更何况只是他身上的衣服呢！这家人眼看就要饿死了,即使把整个佛身都给了他,也是完成了佛祖的期待。如果我这样做要入地狱的话,那只要能够拯救众生,我赴汤蹈火也在所不辞!"

虽然荣西禅师的行为看起来已经破戒,但是这种不顾个人修行,只为他人着想的胸怀,不正是慈悲的菩萨心肠吗?

佛家讲究的慈悲并不只有单一的形式。为了心中坚持的信念,有很多人选择了怒目金刚,舍身入地狱。慈悲不是一味地后退与忍让,不是毫无原则地迁就,而是面对给众生带来大苦难的罪恶能毫不犹豫地举起手中的屠刀捍卫无辜。

佛说:"放下屠刀,立地成佛。"而怒目的金刚却甘愿拿起禅杖,扫荡一切妖魔,换来苍生安宁的一方净土。

所以,慈悲也可以有不一样的形式,有些看似严厉的行为却是大慈大悲。慈悲很重要,但重要之处并不在于形式,而是发自内心的善,就如戒律之严在于心,而不全在参禅打坐之间一样。

只要我们能心怀慈悲,保持理智,坚持心戒,那么慈悲的形式也就变得没那么重要了。

满怀善心，多做好事

布施与修持，摄受亲眷属，诸业无过咎，此事胜吉祥。

——《吉祥经》

【佛偈释义】

这是南传佛教经典《吉祥经》中的一句话，意思是布施和修行，护持亲友，做事没有过错，这样才是最大的吉祥。慈悲就像我们手中的玫瑰，若紧紧握在手中，则只能为一个人留住一份美丽；可如果能递给伸手可及的另一个人，就是传递了一份美丽，手中还留下了一缕香气。如果人人以此传递下去，那么世间处处都是美丽，每人手中都满是香气。如果我们对这样的世界还有美好的愿望，那么就请将慈悲布施给别人吧！

世间什么最美？我们也许能从下面这段对话里得到答案。

弥兰陀王曾向那先比丘问经："请问大师，世间哪里的水比大海之水更多呢？"

"比大海之水还要多的是佛法甘露的一滴水。"那先比丘回答说。

"为什么？"弥兰陀王百思不得其解。

"这一滴水，可以消除众生罪业，洗净身心，所以比大海之水更加有力、更加充沛。"

禅机总是简单而深邃的。一滴水便是一颗饱满的慈悲心，比大海更有力、更充沛。

曾经从竹林旁经过的人，会有这样一份意外的发现：几场春雨过后，春笋从湿润的泥土中探出头来，带给人生机盎然的春的气息；初夏时节，竹林绿荫成片，绿的叶，青的竿，投下一片浓浓的绿荫；秋风拂过，竹林簌簌作响，竹叶在微风的轻拂下翩翩起舞；隆冬来临，积雪覆盖之下，有无数生命正等待春暖花开，蓄势待发。

竹子是世间最美好的植物，它以根、枝、叶、茎丰富人之所需，无私地奉献，得到世人的喜爱。夏竹迎风摇曳，有招风驱暑之妙；响竹之声有如天籁，竹笛奏出美妙的乐音，给人间平添悠扬旋律。竹子的自在、竹子的柔美、竹子的宁静、竹子的节操，所谓"青青翠竹无非般若"，正是说竹子具有修身养性之妙用。

　　竹子的品质，不仅体现在那高洁傲岸的情操，还在其默默奉献的精神。"出世予人惠，捐躯亦自豪"，它把自己短暂的一生，从根到梢，从竿到叶，默默地奉献出来，无怪乎人们对其毫不吝啬地赞美。

　　佛陀降生于古印度，得道后，四处游化，广说佛法之要，教化了无数弟子。他就像是慈父，也如同黑暗中的一盏明灯！

　　这一天，佛陀亲自巡视弟子的房间，看见一位比丘躺在床上，于是问道："你的身体是否安好，心中是否有烦恼？"

　　这位比丘很想向佛陀恭敬地跪拜，于是努力地想撑起身子，但是因为疲惫不堪，根本无法起身。

　　佛陀见状，慈悯地来到比丘身旁问道："你怎么病得这么重，却无人照顾呢？"

　　比丘道："出家至今，我生性懒散，看见病人也不曾细心照料，不曾关怀他人，所以自己生病了，也没有人愿意前来关心，我真是感到惭愧啊！"

　　佛陀听完后，便亲自清理比丘排泄的秽物，把比丘的房间打扫得干干净净。

　　这时帝释天看到佛陀的善举，也前来用水洗浴比丘的身体，而佛陀也以手轻轻地抚摸比丘。慢慢地，比丘身心安稳、全身舒畅。

　　佛陀这时对比丘道："你出家至今甚为放逸，不知勤求出离生死、解脱烦恼，所以才会身染疾苦，希望你从今天起，精进用功。"

　　比丘听后，便真诚地向佛陀顶礼忏悔："佛啊！承蒙您的探望与庇佑，如果不是佛光普耀、慈悲摄受，恐怕弟子早已身亡，轮回六道了。弟子从今日起，一定会发大心，上求佛道、普度群迷。"

　　比丘从此真心忏悔并且精勤办道，后来即证得阿罗汉果。

　　佛陀不畏劳苦、不避污秽的行为感动了比丘，让他从内心深处产生一种向佛的力量，也正是这种力量，敦促他修成正果。

　　佛法大乘菩萨道的精神，就是为利益一切众生而有所作为，处处牺牲自我，成就他人，应如是布施，应万缘放下，利益他人的身心。这是生命的最高道德，也是宗教对灵魂最重要最直观的提升，这样的心灵也是世间最美丽的。

播下慈悲的种子，世人都可享用丰硕的果实；留下几句仁爱的语言，世间都将充满温暖的和风。种子探头笑，和风拂柳枝，此中风情，此间美丽，都令人心中漾满欢喜。

法水清净明澈，能洗涤众生罪业，所以比大海之水更加有力、充沛。而世间之最美，皆由内心出发。美丽的容颜无法历久不衰，美丽的心灵却能在时光中永远动人，唯有心善、心真、心慈，显现于外的相貌、举止、气质才让人动心。

世间最美，皆由心生，愿人人都能有此感悟，并以此为自己做人的准则，满怀好心，多行善事。

觉悟就是一生做善事

欲得净土,当净其心,随其心净,即佛土净。

——《维摩诘经》

❤【佛偈释义】

这句话的意思是:当我们修行的时候,如果想到达净土,就应该先让自己的心灵澄净,灭除烦恼妄想。当我们的心灵清澈之后,我们所见到的环境自然也没有污秽,处处皆是净土。也就是说,净心不仅要去除怒心、嗔心、淫心,还要从根本上去除私心。

去除私心不一定要在表面上标榜大仁大义,而应该是一种由内而外的、自然而然的心灵净化,从心底里为他人着想。把他人的苦痛当成自己的苦痛,为了让他人脱离苦海,而甘愿牺牲自己的利益。拥有清净心灵的人,必定由此清净心生出无尽的大爱。

无论是做人还是修行,做一件善事、一天善事并不难,难的是一辈子行善,在佛家看来,做一天善事是布施积福,做一辈子善事是真正的觉悟。正所谓"大爱无私,至善无痕"。大爱无私,并依循行为上的善行成就、福德成就,自然可以成佛。所以学佛只有两件要事:一件是智慧资粮,一件是福德资粮。譬如我们现在研究的《金刚经》以及所有的佛经,都是寻找智慧、储备智慧的资粮;诸恶莫作,众善奉行,是寻找福德的资粮。

唐代诗人白居易喜欢佛法,有一次,他听说鸟窠禅师的修为相当高,于是专程到鸟窠禅师的住处去请教。

白居易问鸟窠禅师:"佛法的大意是什么?"

鸟窠禅师答:"诸恶莫作,众善奉行。"

白居易不以为然,说道:"三岁稚子也知道这样说。"

鸟窠禅师说:"虽然三岁稚子也说得出,但八十老翁却未必能够做到。"

白居易服膺，便施礼退下了。

"诸恶莫作，众善奉行。"白居易初听到禅师的答案，不以为然，认为佛法不就这么简单吗？但禅师的回答却是发人深省的，道理虽然简单，但是又有几个人能够真正做到呢？如果有人能真正地做到，那么这个人的觉悟就足够他终身幸福了。

成佛需要莫作诸恶，并尽量做到至善。这就要求大爱无疆，把他人的痛苦看得和自己的一样重要，想他人之所想，尽心行善。

做人也是如此，想要成就圆满，就要有一颗至善的心，以一颗爱心惠及他人，不仅可以温暖他人，也能实现自己的生命价值。

小镇上有一家菜摊，平时顾客不多，因为这里的人都比较穷，买不起菜。不过，经常有些穷人家的孩子来这里转悠。虽然他们只是玩，可店主还是像对待大人一样与他们打招呼："孩子们，今天还好吧？"

"挺好的。老板，你这些红薯看起来很不错。"

"可不是嘛。你妈妈身体怎么样？"

"还好，一直在好转。"

"那就好。你要买点什么吗？"

"不了。我只是觉得你的红薯真新鲜！"

"你要带点儿回家吗？"

"我没钱买。"

"用东西交换也可以呀！"

"真的吗？但我只有几颗赢来的玻璃球。"

"是吗？让我看看。"

"给，你看。这是最好的。"

"看得出来。嗯，只不过这是个蓝色的，我想要个红色的。你家里有红色的吗？"

"可能有吧！"

"这样，你先把这袋红薯带回家，下次来的时候让我看看那个红色的玻璃球。"

"一定。谢谢老板。"

每次店主和这些小顾客交谈时，店主夫人就会默默地站在一旁，面带微笑地看着他们。她熟悉这种游戏，也理解丈夫所做的一切。

镇上很多贫困的人家没有钱买菜,也没有任何值钱的东西可以交换。为了帮助他们,他就这样假装和孩子们为一个玻璃球讨价还价。就像刚才的这个孩子,这次他有一个蓝色的玻璃球,可是店主想要红色的,下次他一准儿会带着红色玻璃球来,到时候店主又会让他再换个绿的或橘红的来。当然打发他回家的时候,一定会让他捎上一袋子上好的蔬菜。

　　许多年过去了,店主因病去世。镇上所有的人都去向他告别,包括以前那些和他交换东西的孩子,而今他们都已经通过自己的奋斗摆脱了贫困。

　　店主夫人站在丈夫的灵柩前,小伙子们走上前去,逐一送上洁白的菊花,深深一鞠躬,表达他们的哀思。

　　一个人做一件好事容易,做一天好事也容易,最难的是做一辈子好事。这位店主便是以一生来行善,在佛家看来,这才是最大的行善,是真正的觉悟。

　　我们很难估量做善事对一个人生命的影响有多大。大爱无私,做善事并不是为了引起别人的关注,生命需要我们做的是敞开心扉地去爱别人,真诚地爱别人;去宽慰失意的人,安抚受伤的人,激励沮丧泄气的人。至善无痕,施与心就像玫瑰花一样在时光中吐露着芬芳。

　　定义一个人的一生是否成功,不一定是用地位和财富来界定,而应该看他是否能坚持良善的真心,带给他人利益的信念,不受动摇,至情无悔。

　　大爱无私,至善无痕。我们都应该怀着一颗慈悲的心,以最大的力量帮助他人,做到至善至美,这也是人生的一大境界。

第4章

忍辱负重，将心中倾斜的世界放平

心中无嫉妒，身体无疾病

弟子等，从前念、今念及后念，念念不被愚迷染；从前所有恶业愚迷等罪，悉皆忏悔，愿一时消灭，永不复起。

——《六祖坛经》

【佛偈释义】

这句话的意思是：弟子等人，从前的念头，现在的念头，还有今后的念头，每一个念头都不要被愚迷之心污染，过去犯下的所有愚迷等罪孽，也全都忏悔，但愿即刻消灭，永远不再产生。

所谓"愚迷"是指：愚昧而执迷不悟，就是在一件事情上愚昧地认"死理"，比如：觉得别人始终不如自己，如果在某一方面超过了自己就嫉妒他，再以嫉妒为起点，延伸出各种可怕的后果。

嫉妒心是美好生活中的毒瘤，是修行者悲心与慧命的绊脚石。自己得不到，心中就好像有一股酸酸的味道，这便是放不下，是嫉妒心。嫉妒别人委实是一种难受的滋味，虽然明白自己可能永远得不到对方的成就和美誉，嘴上却不肯承认，还试图从对对方的藐视或者打击中获得平衡，这种嫉妒心理有百害而无一利。

嫉妒像是用冰棱磨制而成的冷箭，只在暗处偷袭，而不敢在阳光下发射；嫉妒是由阴谋捆绑而成的棍棒，只能在潜伏中抽打别人的影子，而从不能摆到台面上。

在嫉妒这种疾病面前，很多人都成了病人，不论家世地位，不论出身背景，很多人都躲不开这种疾病的侵袭。

佛经中记载了这样一则故事：

在远古时代，摩伽陀国有一位国王饲养了一群大象。在象群中，有一头象长得很特别，全身白皙，皮毛柔细光滑。后来，国王将这头象交给一位驯象师照顾。这位驯象师不只照顾它的生活起居，还很用心地教它。这头白象十分聪明、善解人意，一段时间之后，他们已建立了良好的默契。

有一年，这个国家举行大庆典。国王打算骑白象去观礼，于是驯象师将白象清洗、装扮了一番，在它的背上披上一条华丽的毯子后，交给了国王。

国王在一些官员的陪同下，骑着白象进城看庆典。由于这头白象实在太漂亮了，民众都围拢过来，一边赞叹一边高喊着："象王！象王！"这时，骑在象背上的国王觉得所有的光彩都被这头白象抢走了，心里十分生气、嫉妒。他很快地绕完一圈，然后心有不悦地返回王宫。

一回王宫，他就问驯象师："这头白象，有没有什么特殊的技艺？"驯象师问国王："不知道国王您指的是哪方面？"国王说："它能不能在悬崖边展现它的技艺呢？"驯象师说："应该可以。"国王就说："好。那明天就让它在波罗奈国和摩伽陀国相邻的悬崖上表演。"

隔天，驯象师依约把白象带到那处悬崖。国王就说："这头白象能以三只脚站立在悬崖边吗？"

驯象师说："这很简单。"

他骑上象背，对白象说："来，用三只脚站立。"果然，白象立刻就缩起一只脚。

国王又说："它能两脚悬空，只用两脚站立吗？"

"可以。"驯象师叫白象缩起两脚，它很听话地照做了。

国王接着又说："它能不能三脚悬空，只用一脚站立？"

驯象师一听，明白国王存心要置白象于死地，就对白象说："你这次要小心一点，缩起三只脚，用一只脚站立。"白象也很谨慎地照做了。

围观的民众看了，热烈地为白象鼓掌、喝彩！国王愈想心里愈不平衡，就对驯象师说："它能把后脚也缩起，全身飞过悬崖吗？"

这时，驯象师悄悄对白象说："国王存心要你的命，我们在这里会很危险，你就腾空飞到对面的悬崖上吧！"不可思议的是，这头白象竟然真的把后脚悬空，飞了起来，载着驯象师飞越悬崖，进入波罗奈国。

波罗奈国的人民看到白象飞来，全城都欢呼起来。波罗奈国的国王很高兴地问驯象师："你从哪儿来？为何会骑着白象来到我的国家？"驯象师便将事情经过一一告诉国王。国王听完之后，叹道："人的心胸为什么狭隘到连一头美丽的大象都容纳不下呢？"

　　嫉妒是一种危险的情绪，它源于人对卓越的渴望和自己心胸的狭窄。嫉妒可以使天才落入流言、恶意和唾沫编织成的巨网中而被绞杀，也可能令智者陷入个人与他人利益的冲撞中而寻不到出路。它不但损害他人，也毁灭嫉妒者自己。

　　产生了嫉妒心理并不可怕，关键要看你能不能正视嫉妒，并将其转化为动力。与其让嫉妒啃噬自己的内心，不如升华它，把它转化为动力，化消极为积极，做一个"心随朗月高，志与秋霜洁"、虚怀若谷、包容万千的人。

最好与愤怒缔一个约

一念嗔心起,百万障门开。

——《华严经》

❤【佛偈释义】

这句话的大致意思是说:我们一生中,积了很多的善根、福报,但有一日忽然起了一念愤怒的心思,所有的业障门就都打开了,将我们一天一天积累的所有的功德,通通地抹杀了。佛教认为:在贪、嗔、痴、疑、慢五毒中,"嗔"是烦恼的根源,为了减少烦恼带给我们的负面影响,我们要学会控制自己的情绪,不要为了无谓的小事而生气,这样才能获得幸福与快乐。

生活中,很多人一旦心中有嗔、有怨、有恨,面色、言行上很快就会有所显露。修行之人要得心安,一定要把嗔心除掉。有些人没有表现出贪欲,但嗔心很重。他不求名利、权势,也不想追求男色、女色,但对很多事情、很多人都看不顺眼。既然对任何事都怨愤不平,对任何人都采取对立的心态,心中哪还能安定?不如趁早和自己心里的愤怒缔结一个和平的契约吧!

在生活的旅途中,每个人都难免与周围的人有不同程度的磕磕碰碰,因这样的小事而起嗔心,不仅会影响我们与他人的关系,而且会少很多快乐。记住一些美好的东西,忘却自己的不满之心,如此我们便能活得自在、轻松,能够更加坦然地面对旅途中的风风雨雨。

一天,一位法师正要打开寺门出去,突然闯进一位身材魁梧的大汉,狠狠地撞在法师身上,把他的眼镜撞碎了,还戳青了他的眼眶。那位撞人的大汉毫无羞愧之色,理直气壮地说:"谁叫你戴眼镜的?"

法师笑了笑,摇摇头没有说话。

大汉颇觉惊讶地问:"喂!和尚,你为什么不生气呀?"

法师借机开示说:"为什么要生气呢?生气就能使眼镜复原吗?生气就能让身上不痛吗?倘若我生气,必然生起事端,就会造成更多的业障及恶缘,也不能把事情化解。若是我早些或晚些开门,就能够避免一切事情的发生,说到头,其实自己也有错。"

壮汉闻言心生敬佩,向大师拜了又拜,问了大师名号,便离开了。

后来,大师收到壮汉的一封信,得知他以平和宽容之心待人处世,得到了他人的尊重和家人的爱惜,生活变得非常幸福。

一个人若能够妥善安顿好自己心里的嗔恨愤怒、时刻提醒自己要以一颗宽容心对己对人、以一种豁达的心境面对周围的人与事,那么,这个人就能够免受很多事情的打扰,保持一颗平静的心。布施心让人变得更加坚强,宽容心让人变得更加柔韧。坚忍是一种特质,像水一样,刀剑斩不断,绳索捆不住,牢笼困不得,温柔得无孔不入。

灭嗔心是修行的必经之路,如果能灭嗔心,就能修行一切善法。当嗔心的火熄灭时,对他人会生起慈悲心,会以关怀、原谅、同情的心对待彼此;当嗔心消灭时,对一切事物的决断,会以纯客观的智慧来处理,从而化解一切麻烦的问题。所以说一旦嗔心灭了,一切善法也就生了。

众生在修行之时要学会以豁达的心胸待人处世,不因人之犯己而动气,以祥和慈悲的态度面对一切事、一切人,能够在世事面前如流水一样,可方可圆、顺其自然,过幸福的人生。

欲做龙象，必先做牛马

欲为诸佛龙象，先做众生马牛。

——《华严经》

【佛偈释义】

这句话的意思是：想要成为神佛的乘骑，就要先做凡人的奴仆。这句佛语箴言道出了一个处世真谛：与其常常抬头仰望光环炫目的大人物，不如踏踏实实地从众生牛马做起。攀爬是徐徐上升的轨迹，即使有时候速度不尽如人意，但是经过长年累月的积累，也必然能促进人的提升与完善。

西方有这样一首民谣：丢失一枚钉子，坏了一只蹄铁；坏了一只蹄铁，折了一匹战马；折了一匹战马，伤了一位骑士；伤了一位骑士，输了一场战斗；输了一场战斗，亡了一个帝国。

一枚小小的钉子，本来微乎其微，有时候却决定了一个帝国的生死存亡。

生活中小小的细节往往能够决定许多重大事情的成败。从微小处开始精心打磨，是向成功之路迈进的第一步。

俗话说："玉不琢不成器。"想拥有一件没有瑕疵的玉器，需要长期的精心雕琢与打磨，每个人都应该为自己的理想付出应有的努力。

我们的眼光要放长远，但脚步要近，做人、做事、求学，都不能只看眼前三寸地，但也不能好高骛远，脚步要从近处开始，要脚踏实地。虽然每个人心中都有一个成为龙象的愿望，但是在一开始的时候都要从牛马做起、从低处做起、从细节做起，才会距离愿望更近一步。

一天黎明，佛陀进城，看见一名男子，向东方、南方、西方、北方跪拜。

佛陀问他："你为什么这样做啊？"

那个男子说:"我叫作善生,每天向各方跪拜,是家族传下来的习惯。据说这样做会得到幸福。"

"我也有六种礼敬的方法。"佛陀笑着说,"第一,孝顺父母,做儿女的要孝顺自己的父母,令父母欢喜、安慰;第二,敬重师长,做学生的要敬重师长,诚心接受教导;第三,爱护妻子,做一个合格的丈夫,夫妻之间要互相敬爱、扶持;第四,关心朋友,对待朋友要诚实、互敬;第五,礼待僧众,对待僧人要布施、亲切;第六,善待仆人,对待仆人要宽大,不要令他过于疲劳。这六种人是生活在我们身边,与我们朝夕相处的人,和他们相处得融洽,就会有快乐的家庭、美满的人生。否则,只是礼拜各方,又有什么用呢?"

善生听了十分受启发,从此善待身边每一个人,每天都生活在幸福中。

佛陀所说的获得幸福的方法其实很简单,但是,这种简简单单的做法,世间众生有几人能够完完全全地照做呢?

神照本如禅师曾做过一首禅诗:"处处逢归路,头头达故乡。本来成现事,何必待思量。"当我们忽视了身边的很多小事时,又怎么能够奢望生活给予我们更多的恩赐呢?先学做人,再学爱人,这是世间不变的真理;先做牛马,再做龙象,这也是千百年来人们印证的真相。

怀忍辱之心，方可屈伸自如

龙象之力，可谓盛猛。比之于忍，万万不如一。

——《罗云忍辱经》

【佛偈释义】

这句话的意思是：龙象的力量虽然威猛，但是跟忍辱比起来，万万分之一都比不上。在《佛说四十二章经》中，沙门曾问佛陀说："什么人的力量强大？"佛陀回答说："忍辱的人力量强大。"由此可见，胸怀忍辱之心的人，才能有强大的力量！

这个世界是不圆满的，不圆满就会有不如意，不如意就会有辱。在佛家看来，一切不如意就是辱，一切痛苦就是辱。因此，忍辱是消除烦恼、获得快乐的绝佳方法，它是一种大度，是自我意志的磨炼，是一种自信的表现，是一种成熟人性的自我完善，更是一种睿智的处世策略。

淮阴侯韩信忍胯下之辱的故事最能体现出这一点。

当初，在韩信还是平民时，家中贫穷，又没有好品行，常在别人家里吃闲饭，很多人都厌恶他。在淮阴的屠宰户里，有一位恶少，公然侮辱他道："韩信，你虽身佩宝剑，但看你的样子就知道你是个胆小鬼，如果你不怕死，就用你的剑来刺我；如果怕死不敢刺，就从我的胯下钻过去！"韩信想了想，便低下头趴在地上，从那恶少的胯下爬了过去。从此，满街的人都笑话韩信，认为他是胆小鬼。但韩信从不辩解。

后来，韩信助刘邦奠定汉业，汉五年正月，齐王韩信被改封为楚王，都城在下邳。韩信到了自己的封地，召见了曾经侮辱过自己的那个年轻人，任用他做了中尉，并对他底下的各位将领说："当年他那样侮辱我，当时我难道不能杀了他吗？但杀了他又能如何？所以当时忍下了一时的侮辱，才能有我今天这样的功业。"

胯下之辱很难忍受，但韩信不得不做。如果不做，只有两个结果：一是他被那恶少杀掉，从此再没有韩信；二是他把恶少杀掉，他赢得了暂时的胜利，但从此也没有了韩信，因为他杀人了，按律是要偿命的。无论是哪一个结果，都不会再有韩信这个人。他之所以能作为忍辱成大业的典型流芳百世，只因为他胸怀忍辱之心，坚持心中的梦想。

忍辱负重需要修养与肚量，这是一种境界。怀忍辱之心，方可屈伸自如。

如果司马迁不能忍受宫刑之辱，怎么能完成"究天人之际，通古今之变，成一家之言"的伟大著作《史记》而流芳千古，成为人人敬仰的史学家呢？

伍子胥能屈能伸，他宁愿背负对国不忠、对父不孝的罪名，忍着父兄无故被害的屈辱，抱着颠覆楚国的雄心逃亡他国。带着复仇之心，辅佐吴王征服了多个诸侯国，楚国当然也在其中。杀父杀兄之仇终于得报。

太史公曰："向令伍子胥从奢俱死，何异蝼蚁。弃小义，雪大耻，名垂于后世，悲夫！方子胥窘于江上，道乞食，志岂尝须臾忘郢邪？故隐忍就功名，非烈丈夫孰能至此哉？"伍子胥当年没有随父兄俱死，并非不孝，也并非苟且偷生，而是满怀忍辱复仇之心。这也是孝！

汉代张骞，怀着对汉武帝的感恩出使西域，两次沦落匈奴，忍辱负重，始终不忘肩头使命，最终开辟了丝绸之路，名垂青史。

不管在韩信身上，还是在司马迁、伍子胥、张骞身上，我们都能看到"怀忍辱之心"的大丈夫气概。在现实生活中，我们又应该如何去做呢？人生在世，总得有点追求。无论身处多深的苦难中，只要找到生存的意义，找到可以为之奋斗的目标，树立自己的理想，再大的困难也无法将我们击倒。

为人处世，参透屈伸之道，自能进退得宜，刚柔并济，无往不利。能屈能伸，屈是能量的积聚，伸是积聚后的释放；屈是伸的准备和积蓄，伸是屈的志向和目的；屈是充实自己，伸是展示自己；屈是柔，伸是刚；屈是一种气度，伸是一种魄力。伸后能屈，需要大智；屈后能伸，需要大勇。屈有多种，并非都是胯下之辱；伸亦多样，并不一定叱咤风云。屈中有伸，伸时念屈；屈伸有度，刚柔并济。

人生有起伏，当能屈能伸。屈则潜龙在渊，伸则扶摇直上，人生在世，岂不快哉？

弯腰乃成熟，而非卑微

一分恭敬，则一分感应，一分实益。

——印光大师

❤【佛偈释义】

这是民国四大高僧之一的印光大师在阐释修佛机要时所说的话。意思是：要有一分恭敬谦卑之心，才能得到一分感应，获一分切实益处。修行是个躬身前进的过程，姿态若是摆得太高，很有可能步步触雷。毕竟我们不代表真理，我们所说、所做并非绝对的正确，我们的意见不是原则，立场也并不是至高至圣。所以我们必须学会恭敬谦卑，对别人坚持的、但尚不为自己所接受的知识恭谨谦卑，自动屏蔽自大狂心理的恶意诱导，躬身修行，持续进步。

现实中，人们总会在一些事情上不经意表现出些许骄傲、自负，有几个人能时时把"弯腰"与"低头"的智慧牢牢记在心里呢？真正有学问、有能力的人，明明自己的修养与知识都在其他人之上，但是当他遇到自己不熟悉的问题依然会谦虚地向别人请教，这才是真正做到"不耻下问"的人。

曾经有人问芝诺："像您这样的大哲学家为什么还要那么谦虚呢？"芝诺说："据我所知，人的知识就像是一个圆圈，圆圈里面的是你已经知道的知识，圆圈外面代表的是你不知道的知识。自己的圆圈越大的人越会发现自己知识的不足。"这一点就像我们说的：越是成熟的稻穗越是往下弯腰，一个人越是成熟，他的态度就越是谦卑，但这并不表示他就是卑微的。

不能则学，不知则问。我们固然不是神通广大的超人，显然也不是博古通今的学者，为此，我们要向有能力的人请教，向知识丰富的人学习，千万不能因为自觉满腹经纶而看不起别人的学识，也不能因为自己是无能之辈而小瞧自己。

隐峰禅师跟从马祖禅师学道三年，自以为得道，于是有些得意起来。他备好行装，挺起胸膛，辞别马祖，准备到石头禅师处一试禅道。

　　马祖禅师看出隐峰有些心浮气躁，便不动声色地放手让他碰一回钉子，想让他从失败中获得经验教训，临行前特意提醒他："小心啊，石头路滑。"这话一语双关：一是说山高路滑，小心被石头绊了栽跟头；二是说那石头禅师机锋了得，弄不好就会碰壁。

　　隐峰却不以为意，扬长而去。他一路兴高采烈，见并未栽什么跟头，不禁更加得意。一到石头禅师处，隐峰就绕着法座走了一圈，并且得意地问道："你的宗旨是什么？"

　　石头禅师连看都不看他一眼，两眼朝上回答道："苍天！苍天！"（禅师们经常用苍天来表示自性的虚空。）

　　隐峰无话可对，他知道"石头"的厉害了，这才想起马祖禅师说过的话，于是重新回到马祖处。

　　马祖禅师听了事情的始末，告诉隐峰："你再去问，等他再说'苍天'，你就'嘘嘘'两声。"石头禅师用"苍天"来代表虚空，到底还有文字，可这"嘘嘘"两声，不沾文字！真是妙哉！隐峰仿佛得了法宝，欣然上路。

　　他这次满怀信心，以为天衣无缝，还是做同样的动作，问了同样的问题，岂料石头禅师却先朝他"嘘嘘"两声，这让他措手不及。他呆在那里，不得其解：怎么自己还没嘘出声，就被嘘了回来？

　　这次他没有了当初的傲慢，沮丧而归。他毕恭毕敬地站在马祖禅师面前，听从教诲。马祖禅师点着他的脑门说："我早就对你说过，'石头路滑'嘛！"

　　"谦虚使人进步，骄傲使人落后。"这是再简单不过的道理，可连得道禅师都难免有自满的时候，我们普通人就更要时时自省了。人外有人，天外有天。做事应当谦虚认真，不要满足于现状；处事要耐心谨慎，不能心浮气躁。只有将自己的姿态放低，才能从别人那里学到智慧，从而使自己的人生丰富完满。

　　不要怕低下头颅、弯下腰肢，你要明白，那压弯我们腰肢的并不是外界的金钱权势，而是我们自己的成熟和智慧。

第5章

生生死死，看破了方能修成佛

生命犹如不系之舟

若闻讥毁,心能堪忍;若闻赞叹,反生惭愧。

——《优婆塞戒经·自他庄严品》

【佛偈释义】

这句话的意思是:若是听到了别人嘲讽和讥笑自己,心中就应该能够忍受侮辱;若是听到了别人赞美和夸奖自己,心中反而要生出惭愧之意。赞美就是得吗?它往往意味着巨大的失去,不值得我们为之狂喜;侮辱就是失吗?它很可能预示着巨大的得取,不值得我们为之懊恼。说到底,赞与辱不过就是失失得得,得得失失,我们实在不必太过纠结,太过放在心上。

生命本如不系之舟,真正幸福的人生,难以圆满。有苦有乐的人生是充实的,有成有败的人生是合理的,有得有失的人生是公平的,有生有死的人生是自然的。

喜欢月圆的明亮,就要接受它阴晴圆缺的轮回;喜欢水果的甜美,就要容许它苦涩成长的过程,人生总是"一半一半",在人生的乐、成、得、生中,包容不完美,才是真正完整的幸福。

"岂无平生志,拘牵不自由。一朝归渭上,泛如不系舟。"白居易曾在《适意》中这样表达过自己对自由生命的向往之情。自古以来,失意的文人墨客常常寄情于山水之间,希望能在游玩嬉戏的清逸洒脱中陶冶性情,驱除烦恼。闲来寄情山水、春鸟林间、秋蝉叶底、淙淙流水过竹林;闲情默观四山如屏、烟霞无重数、荒径飞花桥自横,这般景象,可谓完美!

很多人都执着于追求完美的人生,凡事要求完美固然很好,以示精益求精,更上一层楼,但星云大师不断地给世人以警醒:有的人因小小的缺陷而全盘否定人生的意义,有的人因为小小的遗憾而将手中的幸福全部放弃,这样追求完美,有时反而因噎废食,过于吹毛求疵,不管对自己还是对他人,都是一种不必要的辛苦。真正幸福的人生,本来就有缺陷,在追求完美人生的同时,也要能够认清人生的实相。

一只飘摇的生命之舟，从时空的长河中缓缓驶来。舟中有一个刚刚诞生的生命，他不会说、不会笑、不会跳、不会闹，也不会思考，他只是沉睡着，远处传来一个声音："你从何处来？到何处去？"

刚诞生的小生命重复道："我从何处来？到何处去？"

生命之舟在时空的长河中默默前行。忽然，又传来一个声音："等一等！我们想与你一同旅行，请载我们同去！"往声音传来的方向看去，只见痛苦与欢乐、爱与恨、善与恶、得与失、成功与失败、聪明与愚钝，手拉着手游向生命之舟。

痛苦从左边上了船，欢乐从右边上了船；爱从左边上了船，恨从右边上了船……待这些时空中的精灵进入船舱后，这只飘摇的生命之舟顿时沉重了许多，舱中的气氛活跃了，哭声和笑声接连从舟中传出来。

忽然，又一个喊声传来："等一等，等一等，还有我们。"众人循声望去，只见清醒与糊涂、仇人与朋友双双携手游来。清醒从左边上了船，糊涂却迟迟不肯上去。仇人从左边上了船，朋友也迟迟不肯上去。

"喂！怎么回事？朋友！糊涂！你们快上来呀！"一个声音招呼着他们。

"不！除非糊涂先上去，我才会上去！否则，生命是容不下我的！"朋友说。

"不！我也不想上去，我知道我是不受欢迎的！"糊涂说。

"请上船吧，糊涂！你知道你在我的一生中多么重要吗？我要得到朋友，首先要得到你，我要成就一番事业，没有你更是万万不行的。"船中的生命呼唤着。

于是，糊涂犹犹豫豫地上了船，朋友想了想紧跟着也上去了。飘摇的生命之舟，在时空长河中满载着这些精灵继续前行。

这时，后面又传来了呼唤声："等一等我，别忘了我！我一直在追随着你哪！"这是死亡的呼喊。

在死亡的追赶下，生命之舟一路向前。显然它不肯为死亡停驻，不知是装作没有听见死亡的呼喊，还是不愿听见死亡的声音。但无论如何，死亡依然紧紧地跟在它的后面，寸步不离。这只飘摇的生命之舟，满载着痛苦与欢乐、爱与恨、善与恶、得与失、成功与失败、聪明与愚钝，在人生的得意与失意间破浪前行。

人生实相，就如这生命之舟，无所牵系，却能承载各种人生。

凭山临海不系舟，山水系不住生命之舟，个人的心愿、意志也系不住，它有着自我的轨迹，我们只能将其圆满，却不能彻底改变。若想在这茫茫旅途中获得真实的幸福，唯有认清并接受生命中必然存在的缺陷。

能抓住的唯有空无

法不孤起,仗境方生。道不虚行,遇缘则应。

——《佛学问答》

💗【佛偈释义】

这句话的意思是:世间万事万物都不是孤立的,都是有因才有果的,当它适应了环境,自然就能够很好地生长。参修佛道也不是无主无依的空行,机缘一到一切便适应了,正所谓"山重水复疑无路,柳暗花明又一村",世间很多事情看似是跨不过的天堑、蹚不过的沧海、解不开的谜局,其实不然,天堑可以变通途,沧海可以变桑田,至于迷局,等被解开的时候,也许只是个有趣的小把戏,因此无论我们被困在什么样的死局中也不必忧心,用心领悟,耐心等待机缘的到来。

我们的聪明只是部分意识,局限于现有的知识范围,以现有的经验与感觉的想象范围。真正的道体是不可思议的,是不可以用我们的普通知识、意识去思考、讨论、研究的。

真正的开悟不同于拼搏与奋斗,不是循序渐进就必然能够得到的,因为所有循序渐进的事都属于身体和头脑中的思维意识和拼搏精神,而开悟并不止于此,开悟是超越它的,因此你几乎不可能逐步开悟,只有用尽全力打开那扇门,才能一眼把门后的东西尽收眼底。

石恐禅师和西堂禅师是师兄弟,经常在一起参禅。有一次,石恐禅师开玩笑地问西堂禅师:"你会捉虚空吗?"

没想到西堂胸有成竹地回答:"会。"

石恐惊奇地问道:"怎么捉?"

西堂用手在空中抓了一下,说:"就这么捉。"

石恐摇了摇头,说:"你不会捉,不是你那么捉的。"

西堂有些不解地反问道:"那师兄你说该怎么捉呢?"

石恐一把拽住西堂的鼻子,痛得西堂大叫:"师兄放手,这个虚空会痛的。疼死人了,鼻子快拽掉了!"

石恐松开手,笑着说:"必须这么捉虚空才行。"

西堂摸着红肿的鼻子,笑呵呵地对师兄说:"多谢师兄指点!"

你体会到了吗?西堂禅师真的捉住了虚空。看似一个荒谬的悖论,却是一个活生生的、可感知的事实。一切我们能够抓住的东西就是空无啊!

悟,是一把开启天门的钥匙,将你带出头脑的地盘。因为头脑是用来思考的,通过思考你无法走出头脑;通过思考,你会向前,但你只是在一个固定的地方绕圈,而那些最深奥的禅意永远不在那里。

佛家认为:实相般若就是形而上的道体,是宇宙万物的本源。世界上很多人都追求这个实相本源,认为找到了这个东西才能认识自己生命的本源。但参来悟去,最大的实相就是有产生于无,实有就是虚空的另一种表现。看来唐僧实在没给孙悟空起错名字啊——悟来悟去原来就是空嘛!

什么是三千大千世界呢?一千个世界,叫作一个小千世界,一千个小千世界,叫作一个中千世界,再把一千个中千世界加起来,就叫作一个大千世界。

释迦牟尼佛说这个虚空中,有三千个大千世界。实际上也许还不止三千大千世界,而是不可知、不可数、不可量的。

三千大千世界,无穷无尽,不可想象,有无数奥妙神奇的事物。其实,我们的内心更是一个极其神秘的世界。心灵的空间无限大,穷尽一生之力,我们也不能探出个究竟。

我们的心既然像个小宇宙,是不是只能永远空虚呢?不,我们心灵的空间仅仅像是一间心房,一根火柴、一支蜡烛,足以让亮光笼罩它。

风过疏竹，来去自如

色即是空，空即是色。

——《般若波罗蜜多心经》

【佛偈释义】

很多人会误解这句话里的"色"字，实际上，这里的"色"字，我觉得是"形形色色"之"色"。这句话的意思指的是世间一切形形色色的物质、动物和人都是空，"空"字可以代表的东西有很多，比如宇宙万象、山川河海，同时，反过来空也可以是形形色色的物质、动物和人。也就是说形形色色的东西其实本质都是一样的，没必要执着于某一样东西的去留，也没必要执着于某一种行为的好坏。

达摩祖师传授衣钵之前，想听弟子们的修禅所得，于是叫来所有弟子问道："这些年来你们从我这里学去了什么？"

弟子道育说："依我所见，就是不迷信于佛经上所说的修持之法，但又不完全脱离经书，就能做到'借教悟宗'。"

达摩祖师说："你只得了我的表面功夫。"

弟子尼总持说："翻遍了佛经，诸法都是虚幻，没有什么可以凭依的，一味注重经书上所说的东西，就会被俗物牵绊，犯了'我执'，所以一切都不彰，这样就能断去烦恼。即得菩提。"

达摩祖师点头说："你从我这里的确学到了东西。"

弟子道育又说："四大皆空，五蕴非有，身心皆是虚妄，世上无一法。"佛法是空，身心是空，一切都是空，不着五色十相，不拘泥于世间一切经法。

达摩祖师点头道："你学到了禅宗的精髓。"随即，他转向了弟子慧可。

然而，弟子慧可只是做个礼拜，静立在一旁默默不语。

达摩祖师暗暗点头，对慧可说："昔日如来以正法眼选中伽叶继承衣钵，今日我选你继承衣钵。众弟子应当各自反省,就可知道我为什么选择慧可了。"

尼总持悟出空幻,道育得出空无,相比较而言,道育还点出了禅宗的修持宗旨,但是,他们都是用语言说出禅悟,还是被世间的色相所着,只有慧可默默无言,真正体现了禅悟的最高境界——一切色相皆是空,无声无言。这才是最高的禅悟,看似默默无语,却如雷轰顶,一语惊醒梦中人。就好比风从竹林中穿行,风过之时,竹叶随风而舞,自然簌簌有声;雁从清潭上飞过,雁过之时,清澈潭水中必倒映雁群身影,但风落、雁过之后,一切皆无。

由禅悟回归到人生,看世上,无论喜怒哀乐、悲欢离合,在长长短短的因缘际会之后,尘埃落定,不也是一切皆空吗?诸法都是空相,飘然而过不着痕迹。悟到了这一境界,自然无牵无挂,满心欢喜,得到禅道和生命的正解。

福州市鼓山有座涌泉寺,被世人称为"闽刹之冠"。这座寺庙山门有一副对联:净地何须扫,空门不用关。这副对联的由来与当地的地理环境有关。在该寺的山门外有一条青砖铺砌的小路,路旁是参天大树,到了秋天路上常常会有很多落叶,但由于山门直接对着山坡口,所以山风直吹过来,路上的落叶就会被吹走,不需要寺中僧人再做打扫。福州地区,夏秋交际台风频发,寺中的山门经常会被狂风吹垮,几经修葺,问题也得不到根本的解决,索性后来就不再设寺门,而以空门迎接四方信徒。

正像涌泉寺以空门笑迎万千信徒,佛门亦是如此,佛门即空门,悟极返空,既然众生都在苦苦求索着"空门"真谛,佛祖自然不会将门关闭,而是大开佛门,只待有缘人。"空"是悟后所抵达的一种境界,悟来悟去终是空。

得悟世间色相空无的道理,将不会被任何事左右,来去自如,神清气爽,何愁不从容。

样样都有实为一切皆空

菩提本无树，明镜亦非台，本来无一物，何处惹尘埃。

——《六祖坛经》

【佛偈释义】

这是佛教禅宗六祖慧能大师所作的一篇佛偈，意思是：菩提树是空，明镜台也是空，身与心俱是空的，本就无一物的空，又怎么可能惹尘埃呢？六祖慧能的佛偈体现出了一种至高的佛学境界，它告诉人们修佛重在修心，而修心讲究向内顿悟并非向外求道。生活在红尘俗世中的我们，只有心中无形，一切虽过心但不留痕，干净来又干净去方能顿悟。

佛陀在灵山会上，出示手中的一颗随心摩尼珠，问四方天王："你们说说看，这颗摩尼珠是什么颜色？"

四方天王看后，各说是青、黄、红、白等不同的色泽。

佛陀将摩尼珠收回，张开空空的手掌，又问："那我现在手中的这颗摩尼珠又是什么颜色？"

四方天王异口同声地说："世尊，您现在手中一无所有，哪有什么摩尼珠呢？"

于是佛陀说："我拿世俗的珠子给你们看，你们都会分辨它的颜色，但真正的宝珠在你们面前，你们却视而不见！"

佛陀的手中虽然空无一物，但就像苏东坡的诗句所说："无一物中无尽藏，有花有月有楼台。"正因为"空无"，所以具有无限的可能性。佛陀感叹世人"颠倒"，因为世人只执着于"有"，而不知道"空"的无穷妙用。世人总是被外在的、有形的东西所迷惑，而看不见内在的、无形的本性和生活，其实后者才是最宝贵的明珠。

即使是对佛教不熟悉的人都知道有句话叫"四大皆空"，"空"这个字在佛教经典中出现的频率也非常高。佛法中的"空"指"无我",即"不是我"或者"没有我"的意思,即是说佛法的空,是性空而非相空,是理空而非事空。

我们生活在这个世界上,每天面对着无数的人和事,与花鸟虫鱼共存,安享天地自然的造化,这一切都不是一成不变、实在的东西,皆是倚靠因缘的关系才有的。因为是从因缘而生,依因缘的转化而转化,没有实体,所以才称之为"空"。这就好比临水看花,水中为什么会有曼妙的花影?有水、有花、有阳光,花的影子才能投映到水中,给人以美的享受。花影是因种种条件产生的,不是一件实在的物体,虽然不是实体,但我们看到的美丽形象,却是清清楚楚,并非没有。所以佛说一切皆空,同时又说一切因缘皆有,不但要体悟一切皆空,还要知道有因有果。

我们在书本当中或是影视作品当中,经常会看到一些人因为受到情感的伤害、事业的挫败等看破红尘,遁入空门。"空门"在人们眼中有时候被当作是一种逃避现实的方式。对于空,有些人可能误会了,以为这样也空,那样也空,什么都空,什么都没有,于是坏事不干,好事也不做,糊里糊涂地看破一点,生活下去就好了。其实佛法之中"空"的意义,有着最高的哲理,诸佛菩萨就是悟到"空"的真理者。"空"并不是什么都没有,反而是样样都有。

大千世界,百态丛生,人生、善恶、苦乐等都是客观存在的。佛法之中说,有邪有正有善,有恶有因有果,要弃邪归正、离恶向善。如果说什么都没有,那何必学习佛法呢?佛法之所以存在,就是为了指点人们看透这因果,走出这困厄。

一切皆空,实为样样都有;样样都有,实为一切皆空。世间纷纷扰扰、虚虚实实,其实都是空,不必太执,也不要不执,静下心来,用心去体悟。

生与死，无非是一场游戏

始终相成，生灭相继，生死死生，生生死死，如旋火轮，未有休息。

——《大佛顶首楞严经》

【佛偈释义】

这句话的大致意思是：人类是因生有死，死而又生，生而复死，死而再生，如同圆形之火轮一样，旋转不息。佛教对生死的看法，就好像春去秋来，日升月坠一样，是一种自然现象。

古人说："死生是大事。"因此，当生命走到尽头的时候，非常讲究临终的种种礼节，也就是所谓"临终关怀"。当然，这是很正常的事，不管是谁，当他面对死亡的时候都会有一种对于未知的恐惧和对生命的敬畏。我们无法阻止死神的脚步而留住生命，但我们可以让生命逝去得有尊严，让生命在关怀与温暖中平静而安详地逝去。也就是说，给死者临终前和死后的各种安排，是对生命的一种尊重。但是，对死者而言，死亡难以避免，无论他得到多大的尊重，也不能改变死亡降临的事实。该来的终究会来，躲也躲不开，逃也逃不掉。

六祖慧能的一句"另有去处"，展现了佛家的一种不惧生死、来去自在的大如来境界。佛法中讲，死亡不过是慧眼中的一段新的旅程，把生命的一次结束当成另一段生命旅程的开始，这种想法不但豁达、开朗，而且能让生命的时间、空间价值继续延伸。

面对生命，圣贤之辈没有认为活着很愉快，也没有认为死去很痛苦，生死已不存在于他们心中。"生者寄也，死者归也。"活着是寄宿，死了是回家，明白了生死交替的道理，就懂得了生死，也便不再惧怕死亡，并能把死前的每一刻过得有价值、有尊严。

宋朝德普禅师性情豪放，幼年即随富乐山之静禅师出家，十八岁受具足戒后，就大开讲席弘道。两川缁素无人敢与之辩难,又因其为人急公好义,时人誉称他为"义虎"。

宋哲宗元祐五年(1090)十月十五日,德普禅师对弟子们说:"诸方尊宿死时,丛林必祭,我以为这是徒然虚设,因为人死之后是否吃到,谁能知晓?因而,我若是死了,你们应当在我死之前先祭,容我吃到,受了众人的供养,再行坐化。今觉即将坐化,从现在起,你们可以为我办祭了。"

众弟子和信徒以为禅师在说笑,就笑着问他:"禅师几时坐化呢?"

德普禅师说:"等你们依序祭完,我就决定去了。"

从这天起,寺庙上下真的煞有介事地为禅师坐化做准备。弟子们将帷帐寝堂设好,禅师坐于其中,弟子致祭如仪,逐一为禅师上香、上食、诵读祭文,禅师也心安理得地一一领受。

弟子们祭拜完毕,还为各方信徒排定日期依次对禅师进行悼祭,并上供养,直到元祐六年(1091)正月初一日才祭完。

于是德普禅师对大家说:"明日雪霁便行。"

此时,天上正飘着鹅毛般的雪花。到了次日清晨,飘雪忽然停止,德普禅师焚香盘坐,怡然化去。

德普禅师如同游戏人间般的死法,令世人不胜唏嘘。在禅者眼中,生固未可喜,死亦不必悲,生和死由不得人,何不抛开生死,全心全意活在当下,安心接受别人的善意,吃饱喝足,开心上路呢?德普禅师勘破无常的智慧,岂不是一段美谈?

人向来都是轻死贵生的,不少人因为惧怕死亡,而活得浑浑噩噩,错过了生活中的种种好事,也顾不上在有限的时光里好好享受一切,对死担惊受怕,对死后得不到高等待遇而担心,导致不能死得其所。其实,倒不如用一种超脱、达观的态度去面对人生寂灭,把"生"当作一段旅行,开开心心,把"死"当作一场游戏,嬉笑平常。如此反能减轻生存的压力,活得欢喜自在。

中篇

道养生

第1章

回归自然,本色做人不平凡

老实做人，规矩做事

自以为未始学而归，三年不出。为其妻爨，食豕如食人。

——《庄子·应帝王》

【道法释义】

列子轻信神巫，对老师壶子有所怀疑，很想去另外投师。结果壶子对他说了几重境界，让列子羞愧难当，想到自己轻信巫师小道，辜负了老师教诲，简直是白学了，顿感惭愧，当即就收拾行李，拜别老师，回到了故乡。他是真心诚意地觉得自己的学问不好，回家闭关三年，放下大丈夫的威风，烧火做饭，帮妻子持家，又放下做人的架子，饲养家中的猪像侍候人一样周到。

这个故事就是教我们如何老老实实、规规矩矩地做一个人。一个人，在什么时间能做什么事，就做什么事，这就是道。所以列子在意识到自己的问题后老老实实地回家帮妻子持家三年，也闭关三年。这三年时间从柴米油盐中领悟的道理，不是光躲在屋里看书就能明白的。在你还没学会跑的时候就不要想着先学飞，脚踏实地地去做人，规规矩矩地去做事，任何事情都不能太过出格。

人世之道也在于此。庄子讲道的境界，从《庄子·逍遥游》开始，把道形容得天都装不下了，虚空都装不下了。讲大，大得无边无际；讲小，小得肉眼不见。庄子讲形而上的道，也讲怎么修养，最后道成功了，才是"大宗师"。大宗师要救世救人，善度众生，积极入世，然而，入世怎么入？庄子在这里下了一个最终的结论——老老实实做人，规规矩矩做事。列子的故事便是个很好的例证。

另外，庄子还说过"故忿设无由，巧言偏辞"。就是说，一个人说话，对方听了为什么不高兴？本来人的心底都是很平静的，因为某一句话不对了，"忿设无由"，心里的愤怒就没有理由、没有来由地被挑动了。"巧言偏辞"，讲话浮华片面、花言巧语。智慧的人不喜欢听"巧言"，所以庄子的意思其实就是告诉人们，一个人不要玩巧，老老实实做人，其实最成功。

确实，古今中外，天下最成功的人，就是老实人。聪明可能反被聪明误，生活的本质其实很简单。

北宋时期著名的文学家和政治家晏殊，十四岁被地方官作为"神童"推荐给朝廷。他参加廷试时发现考题自己已经做过了，便向考官说明，并要求换一道题，皇帝知道后对他的诚实赞不绝口。

晏殊当官后，每日办完公事，总是回到家里闭门读书。后来皇帝了解到这个情况，十分高兴，就点名让他做了太子手下的官员。当晏殊去向皇帝谢恩时，皇帝又称赞他能够闭门苦读。晏殊却说："我不是不想去宴饮游乐，只是因为家贫无钱，才不去参加。我是有愧于皇上的夸奖的。"皇帝又称赞他既有真才实学，又质朴诚实，是个难得的人才，过了几年便把他提拔上来，让他当了宰相。

老实在很多人的眼中是愚蠢的表现，因为他们认为，老实会使自己吃亏。而晏殊的经历则给了这些人当头一棒，正是因为诚实，晏殊的仕途一帆风顺。晏殊的经历告诉人们，老实人吃的是小亏，赚的是大便宜。人生就应该老老实实，只有老老实实、脚踏实地，才能一步一步走向成功。

确实，我们的态度便是别人的态度，我们以什么样的态度对待人生，人生就反过来以什么样的态度回报我们。生命其实很简单，我们老老实实地本分做人，其实就已足够。

若是投机取巧，生活同样会见招拆招戏耍于他；如果为人忠厚老实，生活也会诚恳待他。老实人没有心机，诚恳地对待生活、对待人事，所以他们最容易成功。并且，每个人，无论他聪明与否，都同样喜欢老实人，正如坏人也喜欢好人一样，老天爱"笨小孩"。

我们有时也在把玩着自己的生活，我们相信自己和自己的能力，相信过去成功的经验，炫耀着自己的技巧……却不知道船将在何时倾斜，而我们将永远失去机会。

做人难，难做人，是规规矩矩、认认真真做人，还是在人生的舞台上做出一个个高难度的杂耍动作？没有规矩，不成方圆。无论世事怎样变化，多少沧海变为桑田，生活都会将正确答案告诉你，只有时间能证明一切。做人、做事的道理长篇累牍，并且都有其屹立不倒的理由和根据，但褪尽浮华，我们会发现，做人之道其实只有八个字：老实做人，规矩做事。

足履实地，急功近利终是梦

企者不立，跨者不行。

——《道德经·二十四》

【道法释义】

这是老子对无"道"之人的明确定义，其含义为：凡是脚跟不着地，只用脚尖站立的人是绝对站不稳的；凡是三步并作两步跃进的，是绝对走不长久的。在道家的思想中"道"始终是做人的基本准则。遵从道法的人从不急功近利、好高骛远，做人求重求妥，稳扎稳打。今天的我们，或是为谋求成功的事业而奋斗，或是为拥有幸福的生活而努力。在漫漫的人生道路上，勇往直前，若想让这条道路始终是坚实的大道，不沦为凌空的虚径，就需要我们扎扎实实稳步前进。

道家所提倡的脚踏实地的准则是做人的基本准则，人们在漫长的历史演进中所取得的成绩，无疑都是通过一步步的摸索、一点点的进步积累而成。那么，怎样才能真正做到脚踏实地地做人呢？追溯老子学说的源头，我们就能够窥知一二。

老子认为，做人脚踏实地便是"有道"，而为了进一步阐释"有道"的含义，他在"企者不立，跨者不行"之后，还特意补充解释道："自见者不明，自是者不彰，自伐者无功，自矜者不长。"意思是说自我表现的人没有自知之明，自以为是的人得不到表彰，自我夸耀的人难以建立功勋，自我骄矜的人很难有所长进。这基本上列举出了"做人有道"需要摒弃的所有行为，而这些行为都具有相同的隐含特征——好高骛远。

做人很重要的一点是，人们对自己的定位、对自己的计划以及自我表现力都不能超过自身所具备才能的最高限制，否则就是好高骛远，看起来前途远大，其实飞到一半就会被打回原形。既然好高骛远表现为个人明显的自我高估，那么脚踏实地做人最基本的法则就是准确地进行自我定位。

梁士彦是隋朝开国将领，他自恃久征沙场，战功赫赫，便自觉理应受到重重封赏，可天不遂其愿，他最终并没有得到隋文帝的厚赏，只是得了个普通官职，权力远没有其预想的大，这样的待遇令他极其愤懑。

没过多久，梁士彦就开始表现出明显的不满，不知忌讳的他竟然直接向隋文帝哭诉，历数自己的功劳，抱怨皇帝给自己的封赏太少。隋文帝尽管十分不满，但也没有降罪于他，只是打发他去做了个闲职。

官越做越轻，梁士彦怨言更甚，他开始向身边的人大吐苦水，抱怨皇帝对他无情无义，自认为凭他的才能与功劳，早就应该位极人臣了。这些在当时实属大逆不道的话把亲友们吓得不轻，他们纷纷劝阻梁士彦谨言慎行，千万不要犯糊涂。

但极度不甘心的梁士彦根本就不听劝，他觉得自己才大志大造化大，居于现在的位置绝对是屈才了，心想既然皇帝眼拙，看不出他有才，他干脆就造反，自己取而代之做皇帝！于是，他开始与同样不得志的宇文忻、刘昉等人串联，准备谋反。

就在这时，梁士彦谋逆的事情被他的外甥裴通知道了，裴通赶紧劝梁士彦悬崖勒马，他诚恳地劝道："一个人不知道自己有多大能耐，就会干出无法无天的事情来，您不觉得这非常可怕和可悲吗？"梁士彦不屑一顾地大吼道："我当年统御过千军万马，什么事我做不到呢？皇上不重用我，他才是大错特错！"

裴通实在无奈，便向隋文帝检举了梁士彦。为了暂时安抚梁士彦，隋文帝即刻晋升梁士彦为晋州刺史，并让其重掌兵权。谁知梁士彦不仅不感恩，还得意洋洋地表示："皇帝不敢不重用我啊，像我这样的人才，应该委以更重要的官职才是！"

当上了晋州刺史，梁士彦并不满足，他还是觉得自己如此才华横溢，隋文帝却只让他做个小小刺史，实在太过屈才，这样低微的官职，与他的才能根本不相匹配，还是直接做皇帝好。隋文帝见梁士彦毫不收敛，实在忍无可忍，便下令将梁士彦及其党羽一网打尽了。

才能与功劳有多大，绝对不能自凭想象。梁士彦很显然没有准确地定位自身，他任由自己的野心疯长，今天想位极人臣，明天就想君临天下，好高骛远，完全没有考虑实际情况。一旦双脚不能好好地立于坚实的土地上，人就会飘到天上去，其下场就只能是一脚踏空，跌落而死。

我们做人也是一样，一旦自以为是、自我炫耀、自我骄矜，毫无自知之明，也就无法准确地进行自我定位了。而人一旦不清楚自己真实的位置，好高骛远的白日梦也就随之而来。今天的我们正在为实现梦想而努力奋进，为了不使那些伟大的梦想沦为白日梦，我们只有正视自身的能力，夯实基础，脚踏实地，稳步前进，才能成功。

敦朴厚道，做人要表里如一

是以，大丈夫处其厚，不居其薄；处其实，不居其华。故去彼取此。

——《道德经·三十八》

【道法释义】

这是老子对"德"的释义，意思是：所以大丈夫要舍弃浅薄与虚华，以敦厚和朴实安身立命。老子在《道德经》中阐述了"道"与"德"之间的关系，他认为"德"是"道"的人性表现。通俗来说，就是"道"即社会客观规律，而"德"就是人们按照客观规律做人。可见我们做人淳朴、敦厚、遵循客观规律了，就意味着我们做人有"德"了。

老子所云"处其厚"和"处其实"，也就是我们今天讲的敦厚与朴实，或者干脆说做人要厚道。而厚道并没有准确的定义，它大概涵盖为人不虚伪、待人不刻薄、做人表里如一等多层含义。

依《道德经》所言，厚道是一种"德"，源自内心真正的朴实无华，而缺失了"德"的人，不是成了真小人，就是沦为表面上满口仁义道德，但在无人处却奸诈刻薄的伪君子。真小人是内心卑劣，恶性在外，要将真小人从人群中识别出来并不困难。而比起容易识别的真小人，伪君子的不厚道可就隐秘多了，其失"德"所造成的危害性也大多了。

战国时期著名军事家、兵家代表人物孙膑，曾经与魏国名将庞涓一同拜于著名隐士鬼谷子先生门下，成为同门师兄弟，每日朝夕相处，一同演习兵法。后来庞涓出师，前往魏国谋求发展，他虽然受魏王器重，被委以重任，官拜大将军，手握兵权，但始终忧心忡忡，因为他觉得自己的才能远远不及孙膑。一旦孙膑出山，就会极大地威胁到他的前途。

于是，庞涓悄悄联系孙膑，诚恳地向孙膑表示愿意将其引荐给魏王，师兄弟二人携手效力魏国，共创大业、共享富贵。孙膑被庞涓的诚意感动，于是欣然来到魏国。

庞涓当然不是真打算与孙膑携手共进，没过多久，他就罗织罪名，将孙膑下狱，并对其施以严酷的墨刑和膑刑，让他这辈子不能再站立和行走。受尽酷刑和侮辱的孙膑直到此时才看清了庞涓奸诈、阴险、刻薄、虚伪和两面三刀的真面目。

后来恰逢齐国使臣觐见魏王，这位使臣偶然发现孙膑的才华，便施计将其藏于车中，偷偷载回齐国。孙膑很快便展露才华，成了齐国大将田忌的门客。

公元前354—前353年、公元前341年，齐、魏之间先后爆发了桂陵之战、马陵之战，庞涓在这两次大战中均不敌孙膑。第一次，庞涓兵败被俘，后来由于两国议和而被放回；第二次，孙膑没有再给庞涓机会，他在庞涓行军的线路上预设伏兵，并在一棵树上刻字"庞涓死于此树下"。庞涓果然中计，魏军大败，大势已去的庞涓最终拔剑自刎。

庞涓是一个伪君子，他几乎拥有"失德"之人的全部特征——为人虚伪、待人刻薄、表里不一。他本可以如他一开始承诺孙膑的，与其一同携手共创大业，但由于他的不厚道，不仅令孙膑备尝艰辛，他本人也因此付出了生命的代价。

人的本性原本是朴实无华的，是自然纯净的，是要遵循"道"的，是称得上"德"的。而不厚道，其实就是人违背了本色，扭曲了人性，耍一些阴谋和阳谋的手段，做人尖酸刻薄、阴险毒辣、虚伪奸诈，以致最终德行有亏，害人更害己。

现实生活中，我们做人一般不会像庞涓一样，不厚道至此，但不厚道之举多多少少还是有的：当亲人遭遇急事、囊中羞涩时，你是及时伸出援手，还是刻意哭穷回避？当朋友面临困境、有事相托时，你是出手相助，还是借故推托抽身离开？当你与同事需要共同承担一项责任时，你是敢于担当，还是两面三刀，将责任全推到同事一人身上？

生活中这样的小事有很多，而为人是否虚伪，待人是否刻薄，做人是否表里如一就隐在这些小事当中。只要我们厚道地面对生活中的所有事，自然就能够实在地做人。

坚守本真，唯有真实才是正理

且子独不闻夫寿陵余子之学行于邯郸与？未得国能，又失其故行矣，直匍匐而归耳。

——《庄子·秋水》

【道法释义】

这是庄子对真实做人的基本原则的阐释，其含义为：难道不曾听说过燕国寿陵的一个少年去赵国都城邯郸学步的故事吗？他不仅没有学到邯郸人走路的优美姿势，还把自己走路的姿势忘得一干二净，最后只能爬着回家去了。这便是成语"邯郸学步"的出处。自然赋予我们每个人独一无二的本真，所以我们真实的面貌千差万别不尽相同，学着做任何人都不如做自己真实自然。

老庄之学中处处体现着对真实、朴素、自然的向往与追求，认为那才是玄妙至极的"道"，才是永恒不变的做人之法。这两千多年前的古老思想之所以仍然能够给予今天的我们以巨大的启示，正是因为它解决了一个同样古老的命题——模仿别人与保持自我孰优孰劣。

保持自我是一种对真实的诉求，而相对应的，模仿别人就是一种对修饰的诉求。要辨清模仿别人与保持自我哪一个更胜一筹，就先要了解人们为什么要去模仿别人。原因很简单，那个人身上一定有某种值得被模仿的东西，而这样东西一旦被成功模仿，就能够极大地修饰自我。最典型的事例之一就是东施效颦的故事。

相传越国有一位绝世无双的美人，名叫西施，她相貌俏丽，身形婀娜，姿态动人。西施身体不好，一直有心口疼的毛病，每当疾病发作时，她都会双眉紧锁，用手按住胸口，越发显得楚楚动人、惹人怜爱。人们每每见到，心动不已。

西施家附近住着一位名叫东施的姑娘。这位姑娘其貌不扬，气质庸俗，她见人们颇为喜爱西施娇弱的病容，便也学着西施的样子，捂着胸口、皱着双眉在村中穿行。

村里的富人实在看不下去了，纷纷躲回家里，紧闭大门，眼不见为净；而穷人干脆带着妻儿，远远地避开了。

东施的本意是没有问题的，爱美之心人皆有之，她模仿西施，不过就是为了修饰自身，让自己看上去更加美丽。不过她在使用这种拙劣的模仿手法时显然没有领会到模仿的精髓，简单来说就是，东施并不知道人们为什么会喜欢西施的病态。其实，人们并不是喜欢病态，而是喜欢病态中的西施所具有的独特风韵，那种风韵是西施最自然、最真实的姿态。而西施的真实对于东施来说就不真实了，因为东施本没有疾病，病态装得再像也不过是惺惺作态，自然毫无美感可言，人们怎么可能会喜欢呢？

所以，我们完全不必像东施一样，为了美，没病非要装病，试图借助模仿别人来修饰自己；反之，想要引人注目最聪明的方式就是追求真实，保持自我。

在某艺术大学新学年的迎新会上，大一新生们为了使自己的首次亮相足够闪亮，于是各显神通，纷纷穿戴名牌，甚至刻意模仿一些当红明星的衣着装饰以及说话语气。一时间，迎新晚会的现场就像是一场盛大的明星模仿秀，华美衣袂满场飘飞，港台腔调此起彼伏。

这时，一个素颜素装的小姑娘引起了大家的注意。一位老师很喜欢这个气质纯真的小姑娘，便鼓励其走到舞台中央，向大家介绍自己。

小姑娘走上舞台，向大家深鞠一躬，然后用微带地方口音的普通话说道："我叫韩佳，今年十九岁，来自东北，爸爸妈妈都是普通工人……我一定好好学习，不辜负学校栽培……"全场响起一片掌声。

无论社会的修饰化程度有多高，人们内心深处对于真实的渴望如同本能般亘古不变。正因为如此，那个毫无修饰的小姑娘才从一大群花枝招展的新生中脱颖而出，这也证明了，无论把别人模仿得多么成功，那种模仿的美也战胜不了在坚守自我时所洋溢出来的真实美。

所以，我们应该更相信真实的力量，更理解真实的美，崇尚自然，抱守本真，毕竟模仿别人终究是下品，保持真我才是上上之选。

第 2 章

无为而行,无争胜有争

以善止争，养与世无争之源

上善若水。水善利万物而不争，处众人之所恶，故几于道。居善地，心善渊，与善仁，言善信，政善治，事善能，动善时。夫唯不争，故无尤。

——《道德经·八》

【道法释义】

这是老子论述"不争"思想的名句，意思是：上善的人如同水一样。水善于滋养万物而不与万物相争，汇聚在人们所厌恶的低洼之地，所以最接近大道。上善的人居于这样的低洼之地，思虑深邃宁静，交接善良之人，言谈善于恪守信用，为政精于治理，处事善于发挥自己的才能，行动善于把握时机。正因为有与世无争的美德，所以才没有过失。老子认为，水"不争"，所以最接近于"道"，最具"德"。我们做人，就要像水一样，修养上德，与世无争。

所谓上善，也就是最完美的德行，莫过于水。老子认为，水所表现出来的所有特质，都是上善，它柔软纤细，置于万物之下，不争上游，这种"无争"最接近"大道"，是以柔性对刚性，以淡然对执着，以闲适对紧迫，以顺其自然对刻意强求，以无为出世对有为入世。当今社会竞争氛围浓厚，"争"似乎远比"无争"更多，且更有意义。其实不然，正因为世道处处有"争"，我们才更要反其道而行之，无为无争，做水一样的人，从源头消除"争"的隐患，以"善"止争。

很久以前，有一位官员不小心卷入了政治争斗，无辜受到牵连的他被革去了官职，贬回了家乡。官员很苦闷，觉得自己受了莫大的冤屈，他很想向朝廷申辩，争得东山再起的机会。在行动前，他特意找到了他的老师征询意见。老师了解了所有的情况后，沉默了一会儿，然后带着这名官员走进了书房。书房的桌子上摆放着一只精美的花瓶，花瓶中盛满了水。老师指着这只花瓶对他说："你看，这只花瓶放在此处已有半年之久，每天每时每刻都会有尘埃掉入水中，可水依然干净清澈，你明白其中的道理吗？"

这名官员盯着花瓶看了很久，突然，他高声道："我明白了！所有的灰尘都沉到水底了。"

老师欣慰地点点头，说道："便是如此。这世上不如意之事十之八九，这些事情越执着地想解决，往往越掀起更大的波澜。就像这花瓶中的水，每时每刻都有灰尘落入，如果它心生厌恶，激烈地震荡自身，那么，这瓶水将一直浑浊下去，永不能清澈。可是，如果这瓶水愿意沉静下来，让那些灰尘渐渐地沉入水底，那么，水依然是纯净清澈的。"

做人正如官员的老师所说，"争"一定会失去原本的"清静无为"，还不一定会达到预想的效果；而"不争"绝对不会翻天覆地，凭借水一般的"上善"，自然能够以"不争"的心境从容面对"争"的世界。

那么，如何才能达到"不争"的境界呢？老子已经给出了最精辟的答案。

其一，做人要放低姿态。姿态是衡量做人质量的一种标准，它与"德"成反比。高姿态的人往往过度有为，事事论争，待人往往斤斤计较，对事常常吹毛求疵，喜欢用外在的姿态来表现内在的境界。执着于"争"，其实不过是"外高内低"。因此，做人还是要放低姿态。姿态低了，心态自然也就放平了，"争"的执念也就散了。

其二，做人要心胸宽广。心胸是体现做人价值的一种精神内核，有宽广心胸的人比小心眼的人更具"善""德"；虚怀若谷的人远比小肚鸡肠的人更能做到"无为""不争"。因此，心胸宽广了，自然也就不争了。

其三，做人要真诚重信。真诚重信是做人"不争"的一种重要的外在表现，更是源于内在的精神需求，一个讲真诚重信誉的人往往更看重"德"，更倾向于"善"，也就更能自觉抵制功利性明显的"争"。

其四，做人要展现才能。才能显现看似求"争"，其实不然。道家所谓"无为"，并不是指放弃一切，而是以"无为"之道行"有为"之事，以"不争"的态度去"争"。而要实现这一点，就需要将全部的才能公开展现出来。古来高手过招，并非如一般人一样真刀真枪地肉搏，而是向对方展现自己的实力，实力一现，孰高孰低一目了然。既然可以像"不争"一样地去"争"，那何必还要为"争"而"争"呢？

尽管"不争"是做人的至高境界，但只要事事留心，处处留意，那么想要拥有若水的上善之德也并非难事。

绝"争"之源，自然无争

不尚贤，使民不争；不贵难得之货，使民不为盗；不见可欲，使民心不乱。是以圣人之治，虚其心，实其腹，弱其志，强其骨。常使民无知无欲，使夫智者不敢为也。

——《道德经·三》

【道法释义】

这是老子就"无为不争"世界观所提出的方法论的总纲，意思是：在上者不推崇有才能的人，让人们不争夺功名利禄；不珍视稀罕的器物，使人们不成为盗贼；不显耀那些能够诱发人贪欲的东西，使人们的内心不被扰乱。所以圣人治理天下，要使人们心无所求，肚腹得以安饱，削弱其意志，强健其体魄。这样能够使人们没有狡诈的心智、没有贪得无厌的欲望，也使一些自以为很聪明的人不敢肆意妄为。我们应先从思想根源上"却争"，再从实际行为上杜绝"刻意而为"，绝了"争"的源头，自然不会有争了。

老子学说的产生有着深刻的历史背景和政治意义，时值春秋末年，征伐不断，战乱频繁，深陷战火的各个国家在彼此的攻守中渐渐形成了战国格局的雏形。从春秋步入战国，是历史的更替，是社会、文化、经济、政治、军事等各方面的全面变革。很显然，老子并不喜欢这种改变，因为很多人趁着社会动乱，打着"崇尚贤才"的旗号，大肆敛财、聚贤，争权夺势。老子认为，"尚贤"只会让社会越来越乱，想要恢复社会安定，"不尚贤"才是正道。

倘若"不尚贤"，自然就能"使民不争"，即把那些容易激发人们欲望的教义统统摒除，使人重塑自然天性。对这种自然天性，老子给出了非常明确的解读。他认为其实百姓们所想所求非常简单，不过就是满足基本的生存条件——能让他们有足够的粮食，能让他们的意志不空虚，能让他们的身体变得强健。这就是最自然、最符合天性的需求。满足了这些需求，人们自然心中安定，也就不会生出任何超越本分的要求，根绝了非分之想，"争"的想法也就烟消云散了。

很久以前，有一个商人拉了一车货物走在商路上，前路被连绵起伏的群山阻隔，商路至此沿着山脚绕了很长的一段弯路，要耽误好几天的时间。商人很想节约路上时间，便离开了商路，拉着货物进了山，想从山里穿过去。

大山深处有一座小村庄，因为鲜有人迹，故而保持着非常淳朴自然的民风。商人一进村庄，就觉得机会来了，他知道这里与世隔绝，村民们肯定没见过外面的货物，他一定能发一笔大财。于是，他胸有成竹地拿出货物向村民展示，不料，村民们只是笑眯眯地围着看看，之后就各自散去干活了。商人以为这是村民们搞的心理战术，目的在于刻意压价，于是他主动降低价格，打算薄利多销，可村民们还是没有反应。

这时，天黑了，他又渴又饿又累，就请求村民能准许他留宿一晚。正当他准备抛出优厚的报酬时，村民们竟然争先恐后地收留他，他很高兴，觉得时机成熟了，村民们马上就会争抢着买他的货物了。

用过了晚餐，他把货物全都摆放出来，等着村民来购买，可等了半天，竟然一个人影都没有，他无奈之下，向村里的一位长者问道："难道是我的货物不好吗？还是价格太高了？我这货物都是最紧俏的，可为什么大家都不买呢？"

老者笑道："你的货物虽好，但这里的人不需要。我们若想吃，自己种便是；我们若想喝，自己打井便是；我们若要穿衣，自己就会缝制；我们若要工具，自己就会打造。所以说，你的这些东西尽管既花哨紧俏，又稀罕昂贵，但于我们而言，是完全不需要的东西，我们怎么会去争抢购买呢？"

这个村子的村民之所以不争，就是因为他们基本的生活需要已经尽数得到满足。内心纯净，没有多余的需求，这也就从思想根源上断绝了"争"，而没有"争"的想法，自然也就能做到"无为"了。

当然，我们生活的环境毕竟不是宁静幽远的小村庄，我们每时每刻要面对的都是充满着欲望与诱惑的世界，因此，我们更应该深谙老子的做人之道，从思想根源上净化自身。失去了"争"的想法，"争"的行为自然也就没有存在的意义了。

不自争，自然"争者无敌"

不自见，故明；不自是，故彰；不自伐，故有功；不自矜，故长；夫唯不争，故天下莫能与之争。

——《道德经·二十二》

【道法释义】

这一章阐述了老子处世的辩证法，重在修身，意思是：不自我表现，所以能明辨是非；不自以为是，所以能自我彰显；不自我夸耀，所以能有功劳；不自我骄傲，所以才能长久；正因为不与他人相争，所以全天下没有人能与他争。老子认为，对立统一的关系寓于所有事物的变化当中，就像"曲""直"的相互转化，"强""弱"的优劣转换，因此，"不争"，其实就是最大的"争"。我们遵循不争之道，非但不是放弃所有，反而是争得了所有，立于不败之地。

如果将道家所云的"夫唯不争，故天下莫能与之争"置于现代社会背景下来重新解读，其实就可以这样理解：我不与人争，跟谁争我都不屑。这句话中所包含的意思，除去其释放出的强烈的感情色彩外，还揭示了这样的道理——一个人自己不主动争，其实就是最积极、最强势地争，这种"争"在想法诞生伊始，就只有一个目的——争得胜利！

无论是两千多年前的老子学说，还是如今受人们广泛认同的新锐思想，都有"不争"就是"争"的辩证法思想贯穿其中。历史的传承证明了这种理论的正确性和合理性，因此，我们做人也要辩证地看待"争"与"不争"的关系，不去争，最后却能够从容地争得一切。

郭子仪是唐代中期著名的军事家和政治家，他在历史上留下的最浓重的一笔就是平定了"安史之乱"，在大唐王朝危亡的关键时刻力挽狂澜。不过，这一功绩实在太大，对唐王朝的统治者而言，几乎是不能容忍的，特别是一场平叛战争下来，他俨然功高震主，一旦心生反意，大唐皇帝就得换人了。正当皇帝对郭子仪心怀忌惮时，郭子仪却主动交出兵权，解甲归田。

后来，吐蕃大军进犯唐域，代宗皇帝惊恐万分，这时，他忽然想起了郭子仪，于是立刻重新任命郭子仪为关内副元帅，镇守咸阳。郭子仪随即受命出征，率领唐军将士与吐蕃军在灵州一线血战拼杀。正当战事紧迫之时，一向与郭子仪不和的奸宦鱼朝恩竟然偷偷地把郭子仪父亲的坟墓给掘了。战事平息后，郭子仪班师回朝，朝廷上下一片紧张，因为此事闹得太大了，一旦郭子仪追究起来，恐怕朝廷上下会惊起翻天覆地的波澜。

唐代宗见到了郭子仪，主动向其提及了掘坟的事，没想到郭子仪当即躬身自责，痛哭流涕道："这都是臣的错，臣常年在外带兵打仗，军纪不严，未能制止士兵盗坟的行为，现如今我的父亲坟墓被掘，定是上天因为臣的不忠不孝而降罪于臣。"郭子仪不但不争，还退忍到如此地步，皇帝与众大臣都无比佩服其人品度量。

功劳越立越大，郭子仪心中有数，他曾经被皇帝忌惮过一次，便会有第二次，于是，他处处谨慎，皇帝的封赏一律推辞，实在推不掉才勉强领受。后来，代宗竟然要授他"尚书令"的高职，他死也不肯接受，并讲道，"臣怎么敢当！这是当年太宗皇帝在即位之前曾经担任过的职务，从来没有过臣子当值的先例，臣不敢领受！"代宗无奈，只能作罢，并令人将此事记于史书之上。

郭子仪在朝政中从没主动去争过什么，但最终却"争"得了善终。德宗即位后，赐郭子仪"尚父"之衔，在其离世后，德宗还废朝五日，命百官前去吊唁，至于他自己，不但亲往送行，还破除祖制，下令将郭子仪的坟墓加高了整整一丈。

郭子仪终其一生，几乎没有为自己争过什么，但他最终豪情万丈、霸气十足地争得了一个臣子在那个时代所能争得的全部声望与荣耀。他虽位极人臣，但坚守君臣道统，不争不谋，他的这种高尚的道德操守为他争得了后人的敬仰以及历史的赞誉。

郭子仪的事例非常典型，我们应该有所感悟，这天下没有比他更不会争的了，当然，也再没有比他更会争的了。他身上所体现出的就是道家所讲的最高境界——不自争，但不争者无敌。

我们在现实生活中经常会看到这样的人，他们凡事能争则争，不能争也要争，争了半天，花了很多心思，费了很多精力，结果，不但弄得一身狼狈，而且什么都没有争到。

自争,但争而无用,这便是下品,是德行的缺失,是对老子所讲的"大道"的背驰。聪明的我们绝不能做这样的无用功,我们应该向一千多年前的郭子仪学习,什么都不去争,却"争"到了一切,从从容容了此一生。

第 3 章

宠或辱皆不惊,岁月才能静好

随机应变，乃人生真谛

水行莫如用舟，而陆行莫如用车。以舟之可行于水也，而求推之于陆，则没世不行寻常。

——《庄子·天运》

❤【道法释义】

这是庄子对"变"才是人生不变的真理的阐述。这两句话的大致意思是：水行时用船是最好的，陆行时用车是最好的。倘若因为船可以在水中前行，而希望它一样在陆地上前行，那么一辈子也走不了一点距离。从这个论述中我们可以得出一个结论，那就是一个人绝对不要用僵化的眼光看待世界，一个眼光僵化的人绝对不会获得成功。

的确，这个世界瞬息万变，没有什么东西是可以永久持守不变的。但是道家智慧却认为有一条永久不变的法则，那就是：要随着外物的变化而变化，套用一句俗话就是，唯一的不变就是变化。这就是老子为我们留下的"以不变应万变"的处世智慧。

刘禹锡有这样一句诗，"沉舟侧畔千帆过，病树前头万木春"，从这句诗中我们可以感受到万物变化的力量。现代物理学和哲学表明，事物每时每刻都在运动变化，没有停息的一刻，运动变化才是永恒的。

人们常常说："计划赶不上变化。"的确如此，世界在不停地变化，社会在不停地变化，我们自己也在不停地变化。

"人事有代谢，往来成古今。"今天我们每个人只要回想一下十年前的自己，就不由得感慨万千。面对世界如此巨大的变化，我们的计划能赶得上吗？难道我们真的可以像能掐会算的诸葛亮一样，把一切变化都计算在内吗？这当然是不可能的。

有一个人，昏睡多年，一觉醒来已是十年之后。他做的第一件事就是打电话给他的股票经纪人。经纪人告诉他："老弟，你的 A 股票已涨到 500 万美元，B 股票涨到了 1000 万美元。"

"我发财了！"这位老兄欢呼起来。

这时，电话接线员插话说："先生，3 分钟已到，请付电话费 100 万美元。"

这个故事阐释了这样的道理：世间的一切都在变化，有时情况变化快得令人不敢相信，甚至大大超出了人们的想象。

那么，我们怎样来应对周围发生的这一切变化呢？方法只有一个，就是变通。

一位著名人物在总结自己的成功经验时说："你可以超越任何障碍。如果它太高，你可以从底下穿过；如果它很矮，你可以从上面跨过去。总会有办法的。"对于善于变通的人来说，世界上不存在困难，只有暂时还没想到的方法。

千万不要低估了变通的力量，变通的力量能让人获得成功，同样也能给人类制造出许多麻烦，让人们防不胜防。中国有一句俗语叫作："不怕贼偷，就怕贼惦记。"意思是说只要贼惦记上了你，他就会不停地琢磨你，即使你的防范措施再严密，他也会想出一条我们预想不到的变通之法。

一个人必须善于改变自己，才能在人生长河中立于不败之地。

现实生活中，当我们遇到不同的情况，尤其是困难的时候，必须学会变通。因为客观的情况在不断地变化，我们必须随着客观情况的变化而不断变化。正如诸葛亮所说："因天之时，因地之势，依人之利而所向无敌。"只有这样，我们才能克服各种困难获得成功。

对于善于变通的人来说，这个世界上不存在困难，只是暂时没有找到合适的办法而已，所以善于变通的人往往就是成功的那个人。

人生在世，每个人的自身条件都不一样，每个人遇到的困难也不尽相同，是否懂得变通将是决定一个人是否能够取得成功的关键。

爱尔兰剧作家萧伯纳说："聪明的人使自己适应世界，而不明智的人只会坚持要世界适应自己。"但我们今天要说：变化是立世的根本规则，向道家先贤们学习随机应变的本事，我们才能在人生长河中走得更远更顺，从而立于不败之地。

淡然看功劳，功劳才会长存

挫其锐，解其纷，和其光，同其尘。

——《道德经·五十六》

💗【道法释义】

这一句的字面意思是：有德之人应该抹去自己的锐气、解除世间的纷乱、收敛自己的光芒、顺同于尘世之中。挫锐解纷，和光同尘，或许听来略显晦涩，其实是在告诉我们为人处世的方法。同时，道家又讲究冲而不盈，和合自然的人生哲学，周旋于尘境有无之间，却不流俗；混迹尘境，但仍保持着自身的光华。

一个人如果硬认死理，逞强好胜，盲目蛮干，一味地逞强，一味地硬撑，有了一点功劳就得意洋洋、不可一世，那么只会给自己带来巨大的伤害甚至牺牲性命，最终输掉的还是自己。在历史上，就有很多人取得一些成就以后，不知道收敛，居功自傲，最终给自己惹来了杀身之祸。

东汉末年的许攸，本来是袁绍的部下，是一名足智多谋的谋士。官渡之战时，他为袁绍出谋划策，可袁绍不听，还命人抓了许攸犯了法的家人，他一怒之下投奔了曹操。

曹操听说他来，没顾得上穿鞋，光着脚便出门迎接，抚掌大笑道："足下远来，我的大事成了！"可见此时曹操对他相当看重。

后来，在击败袁绍、占据冀州的战斗中，许攸又立了大功。他自恃有功，在曹操面前便开始跋扈起来。

有一次，他当着众人的面直呼曹操的小名，说道："阿瞒，要是没有我，你是得不到冀州的！"

曹操在人前不好发作，只好强笑着说："是，是，你说得没错。"但心中已十分嫉恨。许攸并没有察觉，还是那么口不择言。

又一次,许攸随曹操进了邺城东门,他对身边的人自夸道:"曹家要不是因为我,是不能从这个城门进进出出的!"

曹操至此终于忍耐不住,将他杀掉。一代谋臣,终成了刀下亡魂。

我们做人要以此为戒,即使功劳再大,也不能心高气傲、没有规矩。与人相处,总是要懂得把握分寸、不争功劳、不矜成就;适时低头,进退有道;以退为进,以谦为尚。

做人无论有功无功,都要保持低调,如此方能如同一潭活水,永远不盈不满,来而不拒,去而不留,除故纳新,流存无碍而长流不息。凡是有太过尖锐、呆滞不化的心念,便需挫折来使之平息;倘有纷纭扰乱、纠缠不清的思念,也必须要解脱斩断。

一直以来,道家认为,做人处世首先要能冲虚谦下,在纷纷扰扰的红尘俗世中,和光同尘,才是长久之道。认为唯有如此做人,才能使人生虚而不满,源远流长,绵绵不绝。而这些道理对于现代人来说,有很好的借鉴意义,就是说,做人要做到有功劳而不争,有成就而不矜夸,谦退坦荡,能够做到冲虚而不盈不满,自然可以挫其锐气,化解纷扰。

腾则为龙，潜则为蛇

无誉无訾，一龙一蛇，与时俱化，而无肯专为。一上一下，以和为量，浮游乎万物之祖。物物而不物于物，则胡可得而累邪！此神农、黄帝之法则也。

——《庄子·山木》

【道法释义】

这是庄子在教育自己的弟子时曾经说过的话，大致意思是说：没有赞誉，没有诋毁，时而像龙一样腾飞，时而像蛇一样蛰伏，随时势而变化，而不愿偏滞于一物；时而进取，时而退缩，以顺应自然为准则，在万物的原始状态中漫游，主宰万物而不被万物所役使，那么，怎么会受到外物的拘束和劳累呢？这就是神农、黄帝的处世原则。

庄子认为，每个人都是一个独立的个体，但同时每个人也都是这个宇宙间的一员。个体的幸福与社会的利益之间必然会有冲突，如何解决这个冲突呢？庄子在这里假托孔子之口，提出了一种独特的人生价值观，即"古之人外化而内不化，今之人内化而外不化"。这两句话如何理解呢？

"外化而内不化"，从字面上理解就是说，外表随着事物的变化而变化，而内心有所坚持，坚守不变。一个人在社会上生存，必然会被社会上的各种规则、法度所制约，在这时，就需要遵守这些外在的东西，这就是庄子所说的外化。但同时，一个人之所以是一个独特的个体，必然有他与众不同的地方，这时他需要坚守自己的独特个性，坚守自己的内心禀赋，这就是庄子所谓的内不化。如果你要想在这个社会上过得快乐，并且顺利地生存下去，就必须做到这一点。

如果一个人能够在这个社会之中做到"外化而内不化"，就能体会到"生命操之在我"的感觉了，也就能体验到真正的人生自由。

《庄子·秋水》中海神对河伯这样说："懂得大道的人必定通达事理，通达事理的人必定明白应变，明白应变的人定然不会因为外物而损伤自己。道德修养高尚的人烈焰不能烧灼他们，洪水不能沉溺他们，严寒酷暑不能侵扰他们，飞禽走兽不能伤害他们。不是说他们被水火、寒暑侵扰或者受到禽兽的袭击时能够幸免于难，而是说他们能够察觉危险，安于祸福，慎处放弃与执着，因而没有什么东西能够伤害他们。所以说，天然蕴含于内里，人为显露于外在，高尚的修养更应该顺应自然，懂得人的行止，立足于自然的规律，居处于自得的环境，徘徊不定，屈伸无常，也就返归大道的要冲而可谈论至极的道理。"

进入信息时代，世界每天都瞬息万变，我们的社会每天都在出现新情况、提出新规则，这对每一个人都是一种新的要求、新的考验。如果一个人食古不化，总是坚持自己保守的准则，就会陷入被动，在社会上没有立锥之地。

我们应该学会顺应外界的变化，接受各种各样的新知识，同时又坚守自己的本心，保持一颗纯净的心灵。在顺应外界和保持真我之间灵活转换，就能够达到"一龙一蛇，与时俱化"，就能体验到真正的人生自由。

参透名利，贪恋权位难圆满

持而盈之，不如其已；揣而锐之，不可长保；金玉满堂，莫之能守；富贵而骄，自遗其咎。功遂身退，天之道也。

——《道德经·九》

【道法释义】

这是老子在《道德经》中关于"盈"和"功成身退"的论述。其大致意思为：执持盈满，不如适时停止；显露锋芒，锐势难以保持长久。金玉满堂，无法守藏；如果富贵到了骄横的程度，那是给自己留下了祸根。一件事情做得圆满了，就要含藏收敛，这是符合自然规律的道理。老子对人生的洞察跨越千年，一眼便窥透了人性中深层的内涵。人莫不爱财慕富，贪恋权势，但能够及时抽身引退，总能一生圆满。

常言说得好："富贵于我如浮云。"数千年来，中国历史一直上演着"飞鸟尽，良弓藏；狡兔死，走狗烹"的悲剧。政治的险恶使得入世与出世成为中国仁人志士艰难的抉择。青史上许多留名之人终其一生都在寻找"功"与"身"的平衡点。"儒"是进取的、理性的，是社会的、宗族的，是油然于心的；而"道"呢，则是个人的、直觉的、是天然的，与天地同在的。

历史上，功成身退、及时抽身以保全自己的例子可谓俯拾即是。这些人一般被认为有隐士之风，比如辅佐勾践灭吴的范蠡。

越王勾践的大臣范蠡，辅佐勾践二十多年，灭掉吴国后却上书请辞。勾践十分不解："现在你功高位尊，无所忧患，正是尽享富贵的时候，为何轻言放弃呢？"

范蠡搪塞掩饰，不肯正面回答。他只是对文种说："盛名之下，其实难久；人不知止，其祸必生。勾践可与共患难，难与同安乐，这样的君主岂能轻信？"

文种不想退隐："富贵得来不易，眼下正是再进一步的时候，机不可失啊！"

范蠡长叹："人的一念之差往往决定着生死福祸。若为贪念所系，就悔之不及了。"

于是他不辞而别，带着家人从海路逃到齐国，改名换姓，再创家业。范蠡头脑聪明无比，经营有方，不长时间，就富甲一方。

范蠡说："人贫我富，人无我有，若只取不施，恃富不仁，何不放弃呢？"他把家财分给好友，来到陶邑过着隐居生活。

初到陶邑，范蠡不顾家人的埋怨，自觉无比快乐。时间一长，范蠡又思治业大计。他的家人带有怨气地说："人人思富，个个求财，你富不珍惜，口言钱财无用，今日何必再言此事？钱财有那么好赚吗？"

范蠡轻松一笑说："穷富之别，在乎心也。只要有心，钱财取之何难？"范蠡认为陶邑位于天下的中心，四通八达，正是交易的好地方。他于是以经商为业，求取利润。范蠡的经商谋略也是超群的，没用多久就又积聚了巨大资财，成了当地首富，号称"陶朱公"。

后来，范蠡再次散尽家财："钱财乃身外之物，不过分看重它才能够得到它，此中真谛非守财者所能悟出。它让人受益无穷啊！"

自从范蠡不辞而别以后，文种常常称病不朝。于是有人向勾践进谗言说："大夫文种自恃有功，倨傲不朝，背地里勾结私党，企图叛乱……"

越王勾践把一把宝剑赐给文种，命令道："你教寡人七种计谋征服吴国，寡人只用了其中三种就打败了吴国，还有四种计谋留在你那儿。我命令你去替我死去的父王谋划吧！"

大夫文种悔恨地说："这都怪我不听范蠡的劝告！"言毕，愤然自尽。

范蠡深知"飞鸟尽，良弓藏；狡兔死，走狗烹"的道理，所以，功成身退，保住了自己的性命，这正是范蠡高人一等的谋略。而大夫文种不听范蠡的劝告，贪恋权位，对越王勾践的残忍和心胸狭窄认识不足，最后落得自刎身亡。历史上，类似范蠡的事例还有许多，像汉朝开国时的张良、陈平等等。这些人身体力行地实践着道家"功成、名遂、身退"的天道。有点"为他人作嫁衣裳"的意味，帮别人打下了江山，自己就飘然而去了。其实，懂得急流勇退，在树大招风前及时抽身，才是做人的智慧，而且也丝毫不失大义本色。

道家教人看透功名利禄是大有深意的。做人若能将成败得失看得淡一些，该进则进，当退则退，不偏执一心，更不被繁华的世俗蒙蔽了眼睛，就能真正如鱼得水一样悠游于世。

进退得当，人贵自知

以刑为体，以礼为翼，以知为时，以德为循。

——《庄子·大宗师》

【道法释义】

这是庄子对"个人修养道德"的论述，这句话的表面意思是：用刑律作为主体，用礼仪作为辅佐，用智慧审时度势，以坚持高尚道德作为处世所遵循的原则。

"知"即智慧，"以知为时"引用了《易经·系辞》中的"进退存亡之机"。对于一个人，天下大事也好，个人做事也罢，要了解自己什么时候该前进一步，什么时候该退一步，随时随地知道自处之道。"以德为循"，随时以高尚道德作为行为的指导，明确自己人生的方向和路径。

人贵自知，进退自如，方能智慧处世。我们是谁？我们在做什么？我们要如何生活？我们希望达到什么高度？人生犹如一张地图，必须找到目前自己所在的准确位置并确定最终的目的地，才能描绘出一道清晰的生命轨迹。古往今来，能做到进退自如的人都是颇有道风的智者，而石琚便是其中极有代表性的一位。

金熙宗天眷二年（1139年），石琚考中状元，先后任弘政、邢台县令。当时官场腐败，贪污成风，邢台守吏更是贪婪恶暴，强夺民财。在此环境之下，石琚却保持着清醒的头脑，他不贪不占，还多次告诫别人不能贪取不义之财。他常对人说："君子求财，取之有道，怎么能利令智昏，干下不仁不义之事呢？人们都知钱财的妙处，却对不义之财所带来的隐患不闻不问，这是许多人最后遭祸的根源啊。"

有人对石琚的劝告置之一笑，还嘲讽他说："世事如此，你一个人能改变得了吗？你的这些高论说来动听，实际上却全无用处，你何苦自守清贫，不识时务呢？要知无财才是大祸，你身在祸中，尚且不知，岂不遭人耻笑？切不可再言此事了。"

石琚又气又怒,他当面规劝邢台守吏:"一个人到了见利不见害的地步,他就要大祸临头了。你敛财无度,不计利害,自以为计,在我看来却是愚蠢至极。回头是岸吧,我实不忍见到你东窗事发的那一天。"

邢台守吏拒不认错,私下竟反咬一口,向朝廷上书诬陷石琚贪赃枉法。结果,邢台守吏反因贪污受到严惩,其他违法官吏也被一一治罪,石琚因清廉无私,虽多受诬陷却平安无事。

石琚官职屡屡升迁,有人便私下向他讨教升官的秘诀,石琚总是一笑说:"我不想升迁,凡事凭良心无私,这个人人都能做到,只是他们不屑做罢了。"

来讨教的人不信此说,认为石琚是在敷衍自己,心怀怨气,石琚见此又是一笑道:"人们过分相信智慧之说,却轻视不用智慧的功效,这就是所谓偏见吧。"

金世宗时,世宗任命石琚为参知政事,石琚却百般推辞。金世宗十分诧异,私下问他:"如此高位,人人朝思暮想,你却不思谢恩,这是何故?"

石琚以才德不堪作答,金世宗仍不改初衷。石琚的亲朋好友也力劝石琚,他们惶急道:"这是天大的喜事,只有傻瓜才会避之再三。你一生聪明过人,怎会这样愚钝呢?万一惹恼了皇上,我们家族都要受到牵连,天下人更会笑你不识好歹!"

石琚面对责难,一言不发。他见众亲友喋喋不休,最后长叹说:"俗话说,身不由己,看来我是不能坚持己见了。"

石琚无奈接受了朝廷的任命,私下却对妻子忧虑地说:"树大招风,位高多难,我是担心无妄之灾啊!"他的妻子不以为然,说道:"你不贪不占,正义无私,皇上又宠信于你,你还怕什么呢?"石琚苦笑道:"身处高位,便是众矢之的,无端被害者比比皆是,岂是有罪与无罪那么简单?再说皇上的宠信也是多变的,看不透这一点,就是不智啊。"

大定十八年(1178年),石琚升任右丞相,位极人臣,前来贺喜的人络绎不绝。石琚表面上虚与委蛇,私下却决心辞官归居。他开导不解的家人与故旧说:"我一生勤勉,所幸得此高位,这都是皇上的恩典,心愿已足。人生在世,祸在当止不止,贪心恋栈。"

他一次又一次地上书辞官,金世宗见挽留不住,只好答应了他的请求。世人对此事议论纷纷,金世宗却感叹说:"石琚大智若愚,这样的大才天下再无二人了,凡夫俗子怎知他的心意呢?"

石琚可谓深谙进退之道，能进能退，把握得极其有度，所以才能在官场多年而屹然不倒。

　　面对人生的波澜，应做到"猝然临之而不惊，无故加之而不怒"。生活给予每个人的都不会太少，只要我们好好珍惜其中一二，并不断用心血去打造，就能拥有生命的奇迹和幸福的生活。

　　世事如棋，一个人要懂得进退的道理，该进的时候勇猛精进，该退的时候断然而退，不留恋，不执着，即便一时做不到，那也尽力自我修养。这样才能在进退间应变自如，这也是道家极力强调的做人哲学。一个只知道前进的人，往往会撞到一堵厚厚的墙上，那些时不时后退一下、等待时机前进的人，反而有更多机会抓住机遇，保全自己。

第 4 章

安贫乐道，人生方可游刃有余

大隐隐于市，生活很闲适

就薮泽，处闲旷，钓鱼闲处；无为而已矣。此江海之士，避世之人，闲暇者之所好也。

——《庄子·刻意》

【道法释义】

这是《庄子·刻意》中的一段话，意思是：靠近江湖水泽之地，选取幽僻空阔之所（居住），钓鱼闲坐，无心天下事而已。这是隐居之士、闲暇之人所喜好的。这里，庄子列举了几种人：隐居江海的人，与世无争、逃避世事的人，清闲悠暇的人。这些人也没有什么荣辱毁誉的强烈愿望或忌讳，所以，以栖身山林江湖，流浪旷野荒原，每日垂钓，闲散度日。这正是道家的处世态度，顺其自然。在同一篇中，庄子讲了闲散居士的好处："平易恬淡，则忧患不能入，邪气不能袭。"庄子认为，这些懂得隐居起来的人，是享受着生命的大自在的人。

然而，生活在当今年代的我们，不可能像庄子说的那样，到山林中去归隐。就像庄子在《山木》篇中所讲的燕子一样：没有比燕子更有智慧的鸟了，看见不适宜停歇的地方，绝不投出第二次目光，即使掉落了食物，也舍弃不顾而飞走。燕子很害怕人，却进入到人的生活圈子，将它们的巢窠暂寄于人的房舍。

人也是这样，为了生存，必须生活在社会之中。一句话说得好，"大隐隐于市"，只要一个人拥有一颗自由的、超凡脱俗的心灵，即使是在闹市之中，他也能体会到万籁俱寂的"静"。在复杂的社会中，有一些很简单的道理，让你能够保持心灵的澄澈，学会享受生活，你就能享受生命的大自在。

反过来讲，一个人要过得更快乐，必须学会享受生活。

一对夫妻非常恩爱，后来丈夫突然遭遇车祸，为了治病，妻子变卖了家里所有的财产。丈夫保住了性命，却瘫痪不起。他们的生活也从原来的小康一下子降到了捉襟见肘的境地。在如此巨大的打击下，丈夫变得心灰意冷，只求快点死去。而妻子一边辛苦地工作养家，一边无微不至地照顾着丈夫的生活。

他们仅有八平方米的小屋子阴暗潮湿，只有到了黄昏时候的一个小时才会有几缕阳光透过小窗照进来。每当此时，妻子总会坐在丈夫的床头，给丈夫讲述窗外的景色：那里有一处异常清澈的小泉，有鲜艳芬芳的小花，有婀娜多姿的垂柳，有的时候还有几只极其可爱的小鸭子在水上悠闲地游来游去……

就这样，日子一天天过去了，在妻子无微不至的照顾与安抚下，丈夫奇迹般地站起来了。当他终于可以自己站到窗前的时候，才愕然发现窗外只不过是一片杂乱丛生的野草与半面坍塌的砖墙。但是，这又怎么样呢？他已经站起来了。

在我们的一生之中，可能有很多未知的机遇。但是，对美好生活的向往，才是我们幸福的源泉。生活是如此多姿多彩，我们要记得时常停下脚步，看一看沿途的风景，放松心灵，发现生活中的美，才能享受到生活中的快乐。

美国诗人惠特曼说："人生的目的除了去享受人生以外，还有什么呢？"其实林语堂也持同样的看法，他曾经说："我总以为生活的目的即是生活的真享受……是一种人生的自然态度。"

出生在这样一个时代里，我们的生活本身就是多姿多彩的，除了工作、学习，还有非常非常多美好的东西可以去享受：鲜甜可口的美食、平静恬淡的家庭生活，以及大自然所赋予我们的一切……

甚至你所烦恼的工作和学习本身，也可以成为我们享受的内容，如果我们不是太过急功近利，不单单为了一己私利，我们的生活也会变成一种乐趣。把我们的眼光从世俗、功名、金钱上挪开，关注一下大自然所赋予我们的一切，让自己融入其中，让自己在自然的怀抱中自由冥想！

努力学习和工作，为自己的人生打拼这当然是再正经不过的事情。想要享受生活，就必须有物质基础，"经济基础决定上层建筑"。决定你能否更加快意生活的，是你能不能填饱自己的肚子。一方面是辛勤工作，一方面是生活充满乐趣，才这是和谐的人生。

我们每天都背负着沉重的压力：工作、学习、双亲、孩子……如果只会压迫自己，不会享受生活，这将是人生最大的遗憾。学会享受生活，才能真正领会它无穷的乐趣；学会享受生活，才能真正享受诗意的人生；学会享受生活，才能真正聆听到美好的旋律。

学会享受生活,在享受中体验生命的大自在,这正是庄子想要传达给后人的哲理中最本质的东西。

东晋大诗人陶渊明有一首名传千古的诗是这样写的:

结庐在人境,而无车马喧。
问君何能尔,心远地自偏。
采菊东篱下,悠然见南山。
山气日夕佳,飞鸟相与还。
此中有真意,欲辨已忘言。

这是何等恬然、何等空灵、何等超脱的大境界。其中那种美妙的真意只有每个人自己去细细品味才能品出它的香醇。如果一个人能够把庄子的真意时刻放在心上,享受自己的人生长途,体验生命的大自在,那么就会发现,生活原来可以如此美好。

过平民生活，行贵族风度

名与身孰亲？身与货孰多？得与亡孰病？甚爱必大费，多藏必厚亡。故知足不辱，知止不殆，可以长久。

——《道德经·四十四》

 【道法释义】

这是老子关于"安贫乐道"的论述，大致意思是：虚名与生命相比哪一样更为亲切？生命与财物相比哪一样更为贵重？获取和丢失相比哪一样的结果更坏呢？过分地爱名利就必定要付出更多的代价；过于积敛财富，必定会招致更为惨重的损失。所以说，懂得满足，就不会受到屈辱；懂得适可而止，就不会遇见危险；这样才可以保持住长久的平安。从古至今，多少人在混乱的名利场中丧失原则，迷失自我，百般挣扎反而落得身败名裂。

《庄子·秋水》中讲到庄子的一段经历说：

有一天，庄子在濮水边垂钓，楚王派遣两位大臣先行前往致意，说："楚王愿将国内政事委托给你，劳累你了。"

庄子手把钓竿头也不回地说："我听说楚国有一神龟，已经死去三千年了，楚王用竹箱装着它，用巾饰覆盖着它，珍藏在宗庙里。这只神龟，是宁愿死去为了留下骨骸而显示尊贵呢，还是宁愿拖着尾巴活在泥水里呢？"

两位大臣说："宁愿拖着尾巴活在泥水里。"

庄子说："你们走吧！我仍将拖着尾巴生活在泥水里。"

道家认为做人应该摈除对名誉、名声的执着。比如庄子就说："名者，实之宾也，吾将为宾乎？"意思是说名为宾，是次要的，"实"才是主要的。所以当被召去做官的时候，庄子说自己宁可曳尾涂中，在自在的环境里，过着穷困但是却舒服的日子。因为在庄子眼中名誉不过是个虚浮的东西，只有逍遥自在的真实生活才是珍贵的。

庄子主张"至誉无誉"。认为最大的荣誉就是没有荣誉，把荣誉看得很淡很轻，名誉、地位、声望都算不得什么，即使行善做好事也不要留名。

所以庄子说："荣辱立然后睹所病。"当人们心中有了荣誉的念头之后，就可以看到种种忧心的事情。过分关心个人的荣辱得失，就只能忧虑烦恼，无以摆脱。相反，一个人若是看淡声名，不刻意去追求名声，专注于自身修身养性，并以此心做事做人，反而能收获良好的名声。

比如，一位非常正直的学者，一生治学严谨，绝不会沽名钓誉。一个人能把名利看得淡一些，境界就会高一些。治学也好，为人也罢，道理其实都是相通的。一个人如果不能淡泊名利，就必然会急功近利，进而为了满足心中的贪念而越做越错。人如果能少一点贪欲，多一点自制与满足，自然也就不会落入生活中各种各样的圈套里，让自己沦为一只任人宰割的羔羊。

同样，对于"利"字，道家也是持看淡的态度。在《庄子·天运》篇中，庄子说："以富为是者，不能让禄；以显为是者，不能让名。亲权者，不能与人柄，操之则栗，舍之则悲，而一无所鉴，以窥其所不休者，是天之戮民也。"意思是说：追求财富的人，不会让出利禄；追求名声显赫的人，不会让出名誉；迷恋权势的人，不会让出权力。操控权力则战栗不安，而丧失权力又悲苦不已，而且心中不能引以为鉴，仍为夺其所求而不肯休止，这样的人是受天惩罚的人。

我们以赤子之身来此世界，当以赤子之心走过此世界，也就是真正留取清白在人间。既无声名，亦无功利，然而这也是莫大声名、莫大功利了。道家强调说："至人无己，神人无功，圣人无名。"即便我们过的是平民的生活，却依然可以保持贵族的风度。

事实上，人生的规则也正是如此奇妙，贪慕虚名、急功近利者往往得不到真正的名誉；沽名钓誉、无所不用之徒往往得不到真正的快乐。庄子言："不为轩冕肆志，不为穷约趋俗，其乐彼与此同，故无忧而已矣。"确实，那些不追求官爵的人，不会因为高官厚禄而喜不自禁，也不会因为前途无望、穷困贫乏而随波逐流、趋势媚俗，做人能像道家所倡导的那样，在荣辱面前一样的达观，必然也就无所谓忧愁了。

我们做人，要懂得学习道家的安贫乐道，以淡泊之心看待名利，这样我们就能对出身、家世、钱财、生死、容貌等，都看得淡泊，才可能达到精神超脱的境界，正所谓："宠辱不惊，看庭前花开花落；去留无意，望天上云卷云舒。""过平民的生活，行贵族的风度。"

贪心不知足，立即招致祸事

知足者富。

——《道德经·三十三》

【道法释义】

这句话的大致意思是：知道满足，不贪心的人就算是富有了。俗话说得好："知足常乐。"如果能真正地做到知足，那么人生就会多一些从容，多一些达观。

一个人做到除简单的人生欲求外，没有奢华、特别的欲求，自然就不会害怕别人的要挟，因为他没有任何东西需要别人来施舍。这种气度就是人们所说的"弃天下如敝屣，薄帝王将相而不为"。

正如一位哲人曾经说过的：欲望是海水，越喝越渴。人只要有自己的喜好，一旦遇到自己中意的就要落入套中。爱财的一见到金子就两眼发直；好色的见到美女就垂涎欲滴；喜欢附庸风雅的看到古玩字画就走不动路。因此，人要想无欲无求真的很难。

狐狸和狼是死对头，在动物王国中，它们一直在明争暗斗，渴望更高的位置和权力。但是狼比狐狸走运，狼被提拔了，而狐狸却什么也没得到。

怎样除掉狼呢？狐狸冥思苦想，终于想出一条计策。

狐狸去拜见狼，诚恳地说："狼大哥，过去我有对不起你的地方，是我错了，你一定要原谅我呀。"

狼见狐狸登门认错，心里得意，摆出大仁大义的样子说："没什么，过去的事情就别提了，咱们团结一致向前看。"

狐狸与狼倾心长谈，并积极为狼出谋划策，临走时，非要留下点小礼品不可。狼觉得也不能太不给狐狸面子，就收下了，反正狐狸也没有什么要求。

狐狸隔三岔五来走动，每次来都带些礼品，不轻不重，狼渐渐地也就习以为常了。

有一天，狐狸对狼说："现在羊和猪在争一块草地，羊跟我关系不错，你看能不能帮羊说句话？"

这件事狼是知道的，不是什么大事，就替狐狸办了，之后，狐狸拿了更多的礼品来感谢。

长此以往，狐狸求狼办的事也越来越多，当然礼品也越来越多，不知不觉中，狼的收礼底线也越来越低。

终于有一次，狐狸让狼办一件很危险的事，许诺事成之后定有重谢，狼不干。狐狸取出一个小本，上面记着狼每次收受礼物的时间、事由等，各种证据俱全，这些就足以毁掉狼的前程。不得已，狼答应再帮这一次忙，下不为例。

没有下一次了，狼最终东窗事发，将在狱中度过自己的余生。

这只贪婪的狼最终以牢狱之灾结束了原本美好的生活，为自己的贪欲付出了沉重代价。虽然这是个寓言，但现实生活中，从来不乏这样的例子。欲望是魔鬼免费赠送的一剂穿肠毒药，饮鸩止渴会让我们身中剧毒，比口渴难耐时还要可怕。贪欲就像是人性的鸦片，吸食的时候很过瘾，完全意识不到它的坏处，等想抽身而逃的时候却已经晚了，而且戒也戒不掉。

物来而应,物去不留

物来则应,过去不留。

——《金刚经学什么·第三品》

【道法释义】

这句话的大致意思是:有些事物是我们无法回避的,既来之,则安之,我们应该用良好乐观的心去接受,无论优劣;过去了的事情,就不必多想,不应该天天沉浸在回想中,暂时的思恋是可以的,但不必久留于心。对待万事万物,要保持一颗平常心,懂得适时地放下,如此才能开开心心地过完一生。

有一个富翁背着许多金银财宝,到远处去寻找快乐。他走过了千山万水,却始终未能寻找到快乐,于是沮丧地坐在山道旁。一个农夫背着一大捆柴草从山上走下来,富翁对他说:"我是个富翁。但是,为何我不快乐呢?"

农夫放下沉甸甸的柴草,舒心地揩着汗水:"快乐很简单,放下就是快乐!"富翁顿时开悟:自己背负着那么重的珠宝,老怕人抢,怕人暗算,整天忧心忡忡,快乐从何而来?于是,富翁用珠宝、钱财接济穷人,散尽家财。善行滋润了他的心灵,他也尝到了快乐的滋味。

富翁不快乐,是因为他背负着财富不肯放下,农夫快乐,是因为他懂得快乐的真谛在于放下,喜怒哀乐的原因不在于是否拥有财富,而在于是否有一颗潇洒淡然的心。得道者的心就像一面镜子,对于外物是来者即照、去者不留,能够反映外物而又不因此损心劳神。在道家看来,只有这样的人才能做到胜物而不伤己。

道家认为"不将不迎,应而不藏"是道的最高境界。《庄子·应帝王》中说:"至人之用心若镜,不将不迎,应而不藏,故能胜物而不伤。"

得道的人身处世间,对于外物既不欢迎,也不拒绝,"物来而应,物去不留",

因此能保持一颗平静的心。

小A和她老公是大学同学。他们从相识、相恋到结婚，走过了整整十个年头。她一直都相信他就是她的唯一，他们会一起走完人生的旅程。

直到有一天，一个年轻的女孩子出现在她的面前。痛苦一瞬间淹没了她，她不想相信，也不敢相信，直到她听到丈夫那句"对不起"时，仅有的一点幻想顷刻间破灭了……

带着无尽的痛苦，小A想寻找一丝解脱。她来到了几百公里之外的地方散心，偶遇一座道观。

道长听罢她的故事后，只对她说了八个字："物来而应，物去不留。"从道观出来，小A深深吐出一口气，纠结难受过后，她似乎知道自己该怎么做了。

几天之后，小A拿着离婚证书走出了民政局的大门。男人说："我们再一起去吃顿饭吧，吃完我送你去机场。""不用了，我自己去。"她潇洒地向男人挥挥手，转身钻进了街边的一辆出租车直奔机场……

因为她终于想明白了道长的意思，"物来而应，物去不留"。那个男人已经和她没有任何关系了，未来的路要靠自己的双手打拼。小A对自己有信心，她会坚强地面对未来。她也相信属于自己的生活会更精彩，以后的生活也会更加阳光明媚。

不可否认，感情之于人是重要的。但对于感情，聪明的人懂得追求、懂得把握，更懂得放弃；相反，有些人喜欢钻牛角尖，在感情的路上一条道走到黑，撞上南墙也不觉悟。

在人生的道路上，不管遇到什么事情，我们都应当保持一颗平静的心，学会"物来而应，物去不留"。适当放下是一种洒脱，是参透万物后的一种平和。只有放下那些过于沉重的东西，才能得到心灵的自由。当某一件东西带给你的只有无尽的烦恼和忧愁，各种各样的负担如山一般压在心上让你不能自由呼吸，那么最明智的办法就是舍弃它，赤条条来去无牵挂，快乐自然会回到身边。

什么是最大的快乐

天下有至乐无有哉？有可以活身者无有哉？今奚为奚据？奚避奚处？奚就奚去？奚乐奚恶？

——《庄子·至乐》

【道法释义】

这是《庄子·至乐》中关于快乐的讨论，大意如下：天下有没有真正的快乐？有没有可以保全生命的方法？现在，应该做些什么？又依据什么？回避什么？又安于什么？趋就什么？又舍弃什么？喜欢什么？又厌恶什么？庄子认为最大的快乐就是没有快乐，生老病死都是大自然的正常现象，不需要为之悲伤，只要"无悲"，自然能够得到快乐。

庄子在《庄子·至乐》中，论述了人生在世什么才是最大的快乐。他对这个问题是这样回答的："夫天下之所尊者，富贵寿善也；所乐者，身安厚味美服好色音声也；所下者，贫贱夭恶也；所苦者，身不得安逸，口不得厚味，形不得美服，目不得好色，耳不得音声。若不得者，则大忧以惧。其为形也亦愚哉。"意思是说，世上的人们所尊崇看重的，是富有、尊贵、长寿和善名；所爱好喜欢的，是身体的安适、丰盛的食品、漂亮的服饰、美丽的容颜和动听的乐声；所认为低下的，是贫穷、卑微、短命和恶名；所痛苦烦恼的，是身体享受不到舒适安逸、嘴里吃不到美味佳肴、身上穿不上漂亮服饰、眼睛看不到美丽容貌、耳朵听不到悦耳乐声；假如得不到这些东西，就大为忧愁和担心。以上种种做法实在是太愚蠢了！

庄子又说："夫富者，苦身疾作，多积财而不得尽用，其为形也亦外矣。夫贵者，夜以继日，思虑善否，其为形也亦疏矣。"富有的人，日夜劳作身体劳累，积攒了许多财富却不能尽情享用，那样对待身体也太不看重了。高贵的人，夜以继日，苦苦思索，怎样才能保全权位和厚禄，那样对待身体也太疏忽了。

财富固然可以帮助我们实现许多梦想，但是在现代，许多人贪心不足，有时候财富反而成为通往幸福的拦路虎。其实，他们追求的不外乎身体的安适、丰盛的食品、漂亮的服饰、美丽的容颜和动听的乐声，而这些东西，到头来还不都是一场空？

世间众生，有几人能够在名利面前淡然处之，泰然自若？

"世人都晓神仙好，惟有功名忘不了"，这是《红楼梦》里的开篇偈语，这一首《好了歌》似乎在诉说繁华锦绣里的一段公案，又像是在告诫人们提防名利世界中的人情冷暖，看似消极，事实上却是对人类社会的真实写照，即使在数百年后的今天依然适用。世人总是被欲望蒙蔽了双眼，在人生的热闹风光中奔波迁徙，被名利这些身外之物所累。

那些把名利看得很重的人，总是想将所有财富收入囊中，将所有名誉光环揽至头顶，结果必将被名缰利锁困住，甚至会因此丢了性命。

从前有一个大富翁叫庞太祖，家资万贯，富甲四邻，而且子孙甚多，堪称财丁两旺。俗话说"钱银是祸乱之源"，庞太祖一生勤勤俭俭过日子，积下了万贯家财，没料想到了晚年，却被这些家财折磨得坐立不安。

原来他的五个儿子，还有一群孙子，见庞太祖年老下中用，纷纷贪心大起，盘算着如何占有那些财产。他们虽然不肖，脑瓜却都绝顶聪明。大家无师自通地悟出一个规律：谁的拳头大，财产就归谁。于是，他们纷纷暗中赶造大刀、长矛等武器，准备等庞太祖死后大干一场。庞太祖得知后，十分担忧，日后真的闹起来，岂不家破人亡，人财两空？想来想去，觉得总是钱银害人，倒不如趁早发落，免得种下祸根。主意一定，他便暗中雇了两个挑夫，把家里的金银挑去山上埋掉。

没想到这两个挑夫都是贪心之人，他们每天挑金银上山，头几天还不太在意，可是越挑越心痛。一段时间后，他们就开始在心里盘算着如何独吞埋在山里的金银。到了最后，竟打起了同伴的主意。终于有一天，挑夫甲对乙说："这些时日，我俩挑担很是辛苦，今天，我去集市上买些吃的，慰劳慰劳我们自己，可好？"

乙点头同意。于是，甲便上集市买菜，同时到药铺买了毒药，放进煮好的饭菜里，然后提到山里去。吃饭时，甲把标有记号的那碗饭菜端到乙面前，说："今早你在山上挖坑辛苦了，多吃些。"

乙丝毫没有生疑，吃了个精光。两人吃了饭，休息了一阵子，甲对乙说："兄弟你累了一早上，下午我先来吧！"乙很高兴地同意了。甲心想：你服了毒药，反正早晚得死。

　　主意一定，他就拿起锄头，动手挖坑。没想到乙也使了坏心，他见甲埋头挖坑，便趁机操起扁担，朝甲后脑勺上直劈下去。可怜甲还来不及弄明白是怎么回事，便一命呜呼了。乙见甲死，正暗自得意，没想到此时药性发作，捂着肚子挣扎了一阵，过了没多久，也倒在上午自己挖的土坑里，与甲一同到阎王爷那里报到去了。

　　真真是"人为财死，鸟为食亡"。"财"这只拦路虎，它美丽耀眼的毛发确实诱人，一旦骑上去，又无法使其停住脚步，最后必将摔下万丈深渊。这两个挑夫的遭遇发人深省。我们今天学习道家的做人智慧，就是要理智地对待财富，切记莫被钱财迷了心窍，否则实在得不偿失。

　　就像《庄子·徐无鬼》中所说："钱财不积则贪者忧，权势不尤则夸者悲，势物之徒乐变。"追求钱财的人往往会因钱财积累不多而忧愁；追求地位的人常因职位不够高而暗自悲伤；迷恋权势的人，特别喜欢社会动荡，以求在动乱之中借机扩大自己的权势。而这些"想不开、看不破"的人，注定烦恼缠身。

坦然无所求，身心都轻松

五色令人目盲，五音令人耳聋，五味令人口爽。驰骋畋猎，令人心发狂。难得之货，令人行妨。是以圣人为腹不为目，故去彼取此。

——《道德经·十二》

【道法释义】

这是老子《道德经》第十二章中的一段话，它的意思是说：五彩缤纷的花花世界使人眼花缭乱；五音繁乱让人震耳欲聋；五味混杂使人口不辨味；射雕逐鹿，骑马打猎，使人精神疯狂；金玉宝物使人犯法悖德。因此，圣人治理天下，主要要让民众吃饱肚子，而不是纵情声色。所以舍弃繁华奢侈，而选择淳厚朴素。

在道家看来，一个人要想使自己的头脑清明起来，必须先学会坦荡做人，使自己真正无求一身轻，人生才能拥有无限可能。

老子主张少私寡欲，认为做人能够坦然无求，便自然能得一身轻松坦荡，把自己从痛苦的深渊中解脱出来。而要做到无求，在道家看来，就是要人们把各种欲望降低到恰好能够好好生存的程度。生存需求是人类最基本的需求，人的生命要依凭一定的生存条件来维持，但人的欲望很大程度上却是与人的生存条件相联系的。欲望是人人都会有的，少私寡欲并不是"存天理、灭人欲"，而是反对放纵自己的欲望。老子认为追求物欲、情欲的结果，不仅破坏了原始社会那种天然朴素的社会状态，而且干扰了人们平静的心灵。

声色犬马只能使人视觉迟钝、听觉不灵、味觉丧失，终致心神不宁、放荡不羁、德行败坏。庸庸碌碌的人们的生活在于"为腹不为目"，只求饱腹，不求享受。

社会的纷争、个人的烦恼都源于人的不知足。我们有时需要戒断过分的感官刺激，摒弃物欲的诱惑，以确保固有的天性。

声色货利以及口腹之欲，常常让人们任性自欺而上当受骗，许多人都心甘情愿地跳进陷阱。许多时候，诱饵愈是诱人，潜藏的危险也就愈大。

一条小鱼问阅历丰富的大鱼道："妈妈，我的朋友告诉我，钓钩上的东西是最美味的，可就是有一点儿危险，要怎样才能尝到这种美味而又保证安全呢？"

"亲爱的孩子，"大鱼说，"这两者是不能并存的，最安全的办法就是绝对不去吃它。"

"可它们说，那是最便宜的，因为它不需要任何代价。"小鱼一脸艳羡。

"这可就完全错了。"大鱼说，"看似最便宜的很可能是最贵的，因为它希图别人付出的代价是整个生命。它里面裹着的是一只钓钩。"

"我要怎么判断里面有没有钓钩呢？"小鱼又问。

"其实道理你都明白的。"大鱼说，"一种东西，味道最鲜美，价格又最便宜，似乎不用付出任何代价，那么，钓钩很可能就藏在里面了。"

大鱼的判断原则放在他处，同样适用。一只无意中掉入米缸的老鼠，满目都是白花花的大米，欣喜着不必辛劳出去觅食，却不见缸究竟有多深。吃着存米，做着美梦，眼看着米一天天减少，自己离缸口也越来越远，却总舍不得抽身离去。直到有一天，缸中米已见底，才发现自己想逃也逃不出去了。

声色货利，自古以来，便被奸人运用得驾轻就熟。以声色犬马困住你，让你无暇顾及其他，只知道"此间乐，不思蜀"，慢慢沦为别人的傀儡。在今天，面对日新月异、繁华纷扰的现代都市，能做到坦然无求，不仅仅是一种个人修养，有时候更是一门保护自己的学问。

对虚有期待，比不上安守当下

我无欲，而民自朴。

——《道德经·五十七》

💗【道法释义】

这里的"欲"是指欲望，这句话的意思是：我没有那么大的野心和欲望，老百姓会慢慢地变得淳朴。我们要懂得沉敛心欲，努力放下对虚无欲望的执念，沉稳地、明智地、安分地守住当下，珍惜现在所拥有的。

唐代著名诗人白居易曾写过《问刘十九》这样一首小诗："绿蚁新醅酒，红泥小火炉。晚来天欲雪，能饮一杯无？"

这首诗不但是一封很精彩的请柬，更是一种无欲无求，追求恬淡、诗意、自然生活的人生境界的写照。

现实生活中，每个人都在欲望的道路上奔走，把赚钱和获取地位当作自己的毕生追求和首要目标，欲罢不能，早就忘记了诗人所说的那种境界。"请神容易送神难"，是非欲念就是这样，在心中产生很容易，但当人们想把它们祛除时，却困难了。而另一方面，别人就很有可能利用了这一点，于是让你轻而易举地被人虏获和击败，就像下面的这种猴子。

有一种猴子，它们非常喜欢偷吃农民的玉米。尤其是晚上的时候，农民们没有时间照看，玉米常常会被洗劫一空。起初农民们拿它们没办法，后来他们发现猴子有贪得无厌的习性，于是发明了一种捕捉猴子的巧妙方法。

农民们把一只只葫芦形的细颈瓶子固定好，然后把它们拴在一棵大树下，再在瓶子中放入猴子们最爱吃的玉米粒，然后就等着猴子们上钩。

到了晚上，猴子们来到树下，见到瓶中的玉米粒十分高兴，就把爪子伸进瓶子里去抓。这瓶子的妙处就在于猴子的爪子刚刚能够伸进去,等它抓到一把玉米粒时,爪子却怎么也拿不出来了。而这些猴子十分贪婪,绝不肯放下已到手的玉米,就这样,它们的爪子也就一直抽不出来,只能死死地守在瓶子旁边。

到了第二天早晨,农民们抓住它们的时候,它们还不甘心地抓着玉米粒不肯放手。

这些可怜的猴子,因为自己的贪婪而丧失了自由,甚至丢掉性命。其实,在生活当中,也有不少人,为了永无休止的欲望而失去了很多东西。他们满足了口腹之饥又想要万贯家财,得到了万贯家财又想要美人相伴。如果不能得到他们想要的,他们就不停地去想如何才能得到他们想要的。如果他们已经得到想要的,他们又在新的环境中重新产生同样的想法,因此,尽管得到了他们想要的,他们仍旧不知足。当他们的每一天都被欲望填满时,是永远享受不到幸福的。

为了生存,我们透支着体力和精力;为了爱情,我们透支着青春和感情;为了财富和地位,我们失去了健康和快乐,甚至丢掉了性命。

从前,在蓝蓝的大海那边,耸立着一座神秘的宝山。无数色彩斑斓的珠宝钻石乱七八糟地堆在山上,太阳一照,就反射出炫目的宝光。

有一年,一艘载满乘客的船偶然经过宝山,一个人看着那些宝贝起了贪念,从那里拿走一颗直径一寸的珍珠。他把这颗珠子小心地揣在怀里,然后兴高采烈地乘船返回。

船刚驶出不到一里,忽然,晴朗的天空倏地阴暗下来,平静的海面掀起山丘似的波澜,这时只见一条狰狞可怖的蛟龙从海水深处破浪而出,在涛峰波谷之间翻腾飞舞。

富有航海经验的船老大大惊失色,急忙停住舵把,对身上揣着珍珠的人说:"哎呀,不好!这是蛟龙想要回它的珠子呢!快还给它吧,不然的话,别说你的性命难保,这一船人的性命都会被你连累!"

揣着珍珠的人还有些犹豫,把珍珠丢掉吧,实在舍不得;不丢掉吧,就要大难临头。思来想去,他还是决定留住珍珠。于是,他咬牙忍痛,用利刃剖开大腿的肌肉,把珍珠藏在里面。珍珠被肉紧紧裹住,宝光透不出来,终于骗过了蛟龙。蛟龙潜入海底,海面也随之平静下来。那人一瘸一拐地回到家,从大腿里取出宝珠。珠子完好无损,温润的宝光把屋子映照得光华流转。正当全家人惊喜地围观宝珠的时候,那人却痛苦地合上了双眼——大腿的溃烂发炎最终夺去了他的生命。

肯定很多人都觉得这个为了一颗宝珠而丢掉了性命的人太愚蠢了，然而，当局者迷，在生活中，当我们对"珠宝"与"生命"进行权衡时，是否真的能做出理智的选择呢？

　　钱财终究是身外之物。"身外物，不奢恋"是思悟后的清醒，它不但是超越世俗的大智慧，也是放眼未来的豁达襟怀。能做到这一点，就会活得轻松，过得自在。

　　财富也好，情感也罢，或是其他方面的索求，都应把握有度，适可而止。贪婪，乃失败之根本。有多少人由贪而变贫，由贪而伏法，由贪而寝食难安。

　　一位心理学家指出：最普遍的和最具破坏性的倾向之一就是集中精力于我们想要的，而不是我们所拥有的。但涉及我们自身时，"拥有多少"似乎根本不在考虑范围。我们总是不断地扩充欲望的名单，不满足，还不满足。你在心里对自己说："当我得到这样东西的时候，我就会快乐起来。"可是一旦这个欲望得到满足后，另一个欲望又出现了。

　　幸运的是，有很多可以令我们快乐起来的方法，比如：改变我们思考的重心。从设法拿到我们想要的，变成去想一想我们已经拥有的。不是期望你的爱人是别人，而是试着去想你的爱人比别人强在哪里；不是抱怨你的薪水低，而是感激你拥有一份工作；不是期望你能去夏威夷度假，而是想到你居所附近也有很特别的去处。这样就会开心很多。

　　与其总期待自己没有的，不如安守自己炉边温暖实在的日子，当傍晚天空飘起雪花，和家人、朋友把盏小酌，这样的人生纵然平淡，却实在是神仙也要羡慕的日子了。

一枚金币的幸福博弈

其嗜欲深者,其天机浅。

——《庄子·大宗师》

【道法释义】

所谓"嗜欲深者",指的是欲望太多太大,深陷欲海当中而不能自拔的人;而"天机"则是指人的智慧与灵性,也可以引申为人的机缘与福报。这句话的意思是:"一个人如果深陷欲海、贪婪无度,就会失去生命中的灵性与智慧,错过人生中许多机缘与福报。"这也告诉我们:"欲望越大,人越贪婪,就越容易致祸!"

有位国王,天下尽在手中,照理说,他应该满足了吧?但事实却并非如此。

国王自己也纳闷,为什么对自己的生活还不满意?尽管他也有意识地参加一些有意思的晚宴和聚会,但都无济于事,总觉得缺点什么。

一天,国王起个大早,决定在王宫中四处转转。当国王走到厨房时,他听到有人在快乐地哼着小曲。循着声音,国王看到是一个厨子在唱歌,脸上洋溢着幸福和快乐。国王甚是奇怪,他问厨子为什么如此快乐?厨子答道:"陛下,我虽然只是个厨子,但我一直尽我所能让我的妻儿快乐,我们所需不多,头顶有间草屋,肚里不缺暖食,便够了。我的妻子和孩子是我的精神支柱,而我带回家哪怕一件小东西都能让他们满足。我之所以天天如此快乐,是因为我的家人天天都快乐。"

听到这里,国王若有所思,他回去后向宰相提起此事,宰相答道:"陛下,我相信这个厨子还没有成为99一族。"

国王诧异地问道:"99一族?什么是99一族?"

宰相答道:"陛下,想知道什么是99一族,请您先做这样一件事情:在一个包里,放进去99枚金币,然后把这个包放在那个厨子的家门口,您很快就会明白什么是99一族了。"

国王按照宰相所言，令人将装了99枚金币的布包放在了那个快乐的厨子的家门前。

厨子回家的时候发现了门前的布包，他打开包，先是惊诧，然后狂喜：金币！全是金币！这么多的金币！厨子将包里的金币全部倒在桌上，开始清点金币，99枚，厨子认为不应该是这个数，于是他数了一遍又一遍，的确是99枚。他开始纳闷：没理由只有99枚啊？没有人会只装99枚啊？那么那一枚金币哪里去了？厨子开始寻找，他找遍了整个房间，又找遍了整个院子，直到筋疲力尽，他才彻底绝望了，心中沮丧到了极点。

他决定从明天起，加倍努力工作，早日挣到1枚金币，使他的财富达到100枚金币。由于晚上找金币太辛苦，第二天早上他起得有点晚，情绪也极坏，对妻子和孩子大吼大叫，责怪他们没有及时叫醒他，影响了他早日挣到1枚金币这一宏伟目标的实现。他匆匆来到王宫厨房，不再像往日那样兴高采烈，既不哼小曲也不吹口哨了，只是埋头拼命地干活，一点也没有注意到国王正悄悄地观察着他。看到厨子前后变化如此巨大，国王大为不解，得到那么多的金币应该欣喜若狂才对啊！他再次询问宰相。

宰相答道："陛下，这个厨子现在已经正式加入99一族了。99一族是这样一类人：他们拥有很多，但从来不会满足，他们拼命工作，为了额外的那个'1'，他们苦苦努力，渴望尽早实现'100'。原本生活中有那么多值得高兴和满足的事情，但忽然出现的财富使他们有了凑足100的可能性，一切都被打破了，他竭力去追求那个并无实质意义的'1'，不惜付出失去快乐的代价。这就是99一族。"

故事中的厨子，就好像是在做一场关于幸福的博弈，只不过他把筹码放在了一枚金币上，表面上看他是追求金币，因为在他看来100枚金币代表的就是成功与幸福，但实际上，他却是在用幸福换金币。不论他最终是否能达成愿望，有一点却可以肯定，那就是无论怎么看，这场博弈，他都是输家。

罗素说，动物若是有了足够的食物和健康，便是快乐的，人也应当如此。然而现实生活中却并非如此，人们被越来越多的欲望束缚着，拥有的烦恼似乎也越来越多。其实，人生而皆有欲望，但是如果嗜欲过了度，那就变成人生的毒药了。现代社会中物质文明越来越发达，人在世间所能学到的知识随之越来越多，本事越来越大，而欲望也变得愈来愈大。人也就相应地越来越违反自然，逐渐偏离自己的本心，这就是"其天机浅"的意思。

这个道理告诉人们，人在面对这个纷繁复杂的世界时，一定不要迷失自己，给欲望占据自己心灵的机会。就像前面所讲的那个故事，它给予我们的警醒无疑是深刻的。许多人都不免会遇到类似的情况，总认为自己拥有的还不够多，这时就会无视自己手中的幸福，而一心望着那些不属于自己的东西。其实，人生的最大问题就是期待过多。在对欲望的无止境追求中，幸福便会被冲得无影无踪，人的一生就陷入这样的怪圈之中而不能自拔。一旦欲望得不到满足，便会产生痛苦和烦恼。

现代社会攀比之风盛行，人们的欲望膨胀，痛苦烦恼较之物质文明落后时代更多了。《伊索寓言》里讲："有些人贪婪，想得到更多的东西，却把现在所拥有的也失掉了。"而做人处世，只有努力地使自己做到"身外物，不奢恋"，才能活得轻松、过得自在。遇事想得开、放得下，就不会像《庄子》中所讲的："其嗜欲深者，其天机浅。"我们要懂得知足，千万不要为了一枚小小的金币牺牲掉自己的幸福生活。

第5章

非凡做法,让你做非凡人

比眼力，得看出别人看不到的

故常无，欲以观其妙；常有，欲以观其徼。

——《道德经·一》

【道法释义】

这是老子对领悟力和观察力决定道之境界理论的阐释，意思是：所以，从常无中领悟道的微妙；从常有中观察道的端倪。老子所建立的庞大的道之哲学体系所体现出来的哲学感悟，都是源于老子对自然及万物细致入微的观察。只有具备敏锐的观察力，能够辨识出事物细微差别的人，才有可能领悟到"玄之又玄"的道法。所以说，我们做人做事，就是要看出别人看不到的东西，以敏锐的观察力取胜。

做人需要一双好眼睛，能够发掘到别人发掘不到的东西，先是看到别人看不到的，然后想到别人想不到的，最后做到别人做不到的。如此做人，何愁不非凡？如此做事，何愁不成功？

二十世纪初，在美国伊利诺伊州的哈佛镇上，有一群小孩子经常利用课余时间到火车上卖爆米花。在这些小孩子当中，有一个十岁的小男孩卖得最好。因为他注意到了火车上的女士们总是喜欢吃一些奶油甜点，便依葫芦画瓢，将奶油倒进了爆米花当中，这样女士们就争相购买他的爆米花了。

后来，小男孩又发现了旅客们的一个特点：每当他将奶油爆米花递到女士手中时，男士们就会凑过来，问一句"什么味道"，在得知是甜奶油味后，他们便会撇撇嘴。小男孩心想，男士们肯定也想吃，不过不喜欢甜的，既然爆米花可以放奶油，自然也能放盐。于是，第二天，小男孩就推出了咸味爆米花，男士们争相购买。

冬季来临，有时候大雪封山，火车会困在这里好长时间，车上买爆米花的乘客越来越多，买的数量也越来越多。小男孩注意到了这个情况，他认为这是因为乘客们又冷又饿，想吃爆米花填饱肚子。于是，他马上跟着调整计划，不再卖爆米花，而是卖热气腾腾的三明治。果然，他的眼光很准，他的三明治往往很快就被抢购一空。

夏天到了，天气很热，火车上的乘客苦不堪言，没有胃口，爆米花也就没什么销路，有些孩子改卖冰激凌，不过，每当女士们招呼这些孩子来到跟前时，总是只看不买。小男孩观察了一段时间，他发现个别购买冰激凌的女士都是自带碗碟，他恍然大悟，冰激凌虽然凉爽解暑，但吃起来不方便，女士们不愿意自找麻烦。于是，他设计出一种可以斜挎在肩上的半月形保温箱子，箱子中间放上冰激凌，旁边刚好可以堆放蛋卷，如此一来，女士们想要解暑，只需要购买他的蛋卷冰激凌，一点都不费事。

在这里卖东西的小孩子很多，可只有这个小男孩赚到了很多钱。

这个小男孩的眼光独到，总能看到别人看不到的东西，所以也就处处占了先机。道家将观察力和领悟力置于极其重要的地位是有道理的，所谓做人有独到之处，不外乎两点：其一为抢占先机，其二为精通法则。抢占先机，这是时间长度的优势，这种优势的产生便源自非凡的观察力和前瞻能力；而精通法则，则是空间深度的优势，这种优势的出现往往源自非凡的领悟力。

要做一个非凡的人，非凡的观察力和领悟力缺一不可。观察力是领悟力的先决条件，而领悟力是观察力深化后的必然结果。我们用一个简单的例子来说明：《三国演义》中赤壁之战前，诸葛亮和周瑜两人同时做战前准备。当时，周瑜为寒冬时节东风不起而万分愁苦，而诸葛亮却胸有成竹，表示可以借到东风。其实当然没有所谓的"借"东风，诸葛亮之所以自信能借到，不过是因为他通晓天气变化的规律，早已做过精确的测算罢了。

诸葛亮之所以能更胜周瑜一筹，一是诸葛亮观察力极强，他观察到了天气中出现的微小变化，看出了周瑜没有看出的东西；二是诸葛亮领悟力超凡，他能将普通的天气变化做深刻的解读，综合分析并总结出天气变化的规律。如果没有敏锐的观察力，诸葛亮就无法得到能供分析与解读的原始素材；而如果没有极强的领悟力，观察力再好也就只能停留在见人所未见的表层上，无法实现更深层次的解读。

我们做人，当然要像诸葛亮一样，拼的是眼力，能见人所不见，辨人所不辨，如此一来，便总能与众不同。

预先推想,要防患于未然

其安易持,其未兆易谋。其脆易泮,其微易散。为之于未有,治之于未乱。

——《道德经·六十四》

【道法释义】

这是老子根据事物由小变大的发展规律所提出的防患于未然的方法论,意思是:局面安定时容易把握,事情还没有迹象时容易谋划。事物在脆弱时容易消解,事情在微小时容易散失。在事情尚未发生前就处理妥当,在祸乱没有产生前就着手治理。老子认为事物发展的状态一般都是从小到大、由微至宏,而微小状态下的事情往往容易解决。因此,我们做人须早做筹谋,预想周全,杜绝生成病灶的可能;即便出现问题,也要防微杜渐,千万不要等到事情大到人力不能为时才后悔。

做人有绝佳的前瞻眼光究竟会发挥怎样的作用?我们不妨看看《三国演义》中的一段故事。

赤壁之战后,刘备"借"了荆州,久占不还,孙权很郁闷,周瑜便献计让孙权假称联姻,称要将妹妹孙尚香嫁与刘备,趁机将刘备诓到东吴,孙权觉得可行。刘备得知消息,唯恐有诈,十分忧心,诸葛亮便表示可以放心去,然后将三个锦囊交给了随行的赵云。

一到东吴,赵云拆开了第一个锦囊,然后就带着兵士们大张旗鼓地买东西,见人就嚷嚷"刘备要和孙权的妹妹结婚了",顷刻间满城皆知,孙权弄假成真,只能答应婚事。

刘备婚后太甜蜜,与孙郡主纵情享乐到了年底,早就忘了返回荆州。赵云就拆开了第二个锦囊,随后就禀报刘备,说曹操率重兵直扑荆州,打算一雪赤壁之耻。刘备大惊,第二天就带着郡主,以祭祖为名赶往江边,准备返家。

可是,孙权知道了刘备的计划,派人追杀,危急时刻,赵云拆开了第三个锦囊,并给刘备看。刘备当即对着孙郡主痛哭，说孙权一直都想杀他。孙郡主大怒，喝退了追击而来的东吴兵将，而后诸葛亮赶来接应，刘备遂安然回到了荆州。

一次弄假成真的联姻，诸葛亮在千里之外运筹帷幄，他几乎考虑到了所有可能出现的状况，于是，他这三个锦囊以及他随后亲上战场的支援行动，成功地解决了刘备所面临的困局。

很多时候，人们对事物的发展毫无预想，其实并不是没有预见能力，而是缺乏危机意识，根本考虑不到将来可能遇到的危险和困难，因此也就根本不做预想。

从前有两个人，都以卖奶酪浆为生，他们每天都拿着奶酪瓶，四处叫卖。一天夜里下起了大雨，第二天清晨雨虽然停了，但道路泥泞湿滑。其中一个人心想：路上这么滑，万一自己跌倒了，岂不是会砸坏奶酪瓶？一天的营生可就没了。于是，他将奶酪瓶放在一个大棉花口袋当中，这样就算自己跌倒了，瓶子也不会破碎。而另外那个人就没有想这么多，还是和平时一样。过了一会儿，果然，因为地上太滑，两人都摔倒了。事先做好准备的人，瓶子丝毫无损；而另一个人的瓶子掉在地上，摔碎了，奶酪浆都没了。

地面湿滑，就会有很大可能摔倒，对这一点有危机感的人就做到了未雨绸缪，防患于未然。至于另外一个人，他对感知危险的敏感度明显不足，完全没做任何预想，结果就吃了大亏。

我们做人要始终保持高度的危机感和紧张感，这样才能让自己在面对接下来的问题时，做好全面细致的准备工作。如此一来，在我们跨出每一步之前，就完全可以尽我们所能地降低突发事件的发生率。做到这一点其实并不难，例如出门前，看天气阴沉，我们可以提前为将要发生的事情做个预测，比如：也许会下雨，那就需要带伞；也许会起风，那出门前要先将门窗关好；也许会下大暴雨，积水成渊，那就要提前安排好工作及时回家；也许会下特大暴雨，要准备好报修电话，房子一旦漏雨便可以求助；如果在山区也许下雨会引发山体滑坡及泥石流，要提前收拾好细软，并注意听广播，随时准备撤离，以免造成人员和财产的损失。

当危险还只是一种可能的预想，或是有一点可控的苗头，就要防患于未然，或是解决其于微时，这才是道家的做人之道，也是我们生活中应该注意的细节。

欲取之必先予之，出奇才能制胜

> 将欲歙之，必固张之；将欲弱之，必固强之；将欲废之，必固兴之；将欲取之，必固与之。是谓微明。柔弱胜刚强。
>
> ——《道德经·三十六》

【道法释义】

这是老子用辩证法原理对自然万物变化规律进行阐释的论句，意思是：将要收敛的，必先扩张；将要削弱的，必先强盛；将要废弃的，必先举荐；将要夺取的，必先给予。这就是所谓的微妙的征兆，柔弱可以战胜刚强。老子深谙辩证之道。若想取，便取，那是常道，人人都这样想，成功的可能性便不高；若取之前，先予，利用矛盾转化原理营造物极必反之势，也许就能够轻轻松松实现目的。我们做人就应该学会掌握这种非凡做法，出奇制胜。

哲学有两大思维方法，即形而上学和辩证法。前者认为万事万物都是孤立的、片面的、静止的，后者则认为世间遍存联系，自有一种对应转化之道。道家学说便属于后一种思维方法。历史上之所以会频频出现"以弱胜强""盛极必衰"的故事，就是因为无论是弱、强之势，还是柔、刚之态，都不是孤立静止、恒定不变的，它们时时刻刻都在关联和变化着。若想夺取什么，不一定要直接夺取，如果以给对方提供便利或利益的方式会更好，而这样做的好处至少有以下两点：

第一，欲取先予可以规避强烈的不满情绪，有利于达到"取"的目的。

西汉景帝三年（公元前154年），七国之乱爆发，以吴王刘濞为首的七个诸侯王反叛，景帝任命大将周亚夫率军平叛，仅用三个月就扫清了叛军，维护了中央政权。平叛结束后，作为领兵将领的周亚夫名声大涨，在军中享有极为崇高的威望，更重要的是，他手中握有兵权，便无形中对皇权造成了极大的威胁。景帝想将兵权收回，又担心引起周亚夫和将士们的不满,便大加封赏,将周亚夫封为丞相,位列九卿之首,百官之上,而丞相实际是一个文官,不掌兵权。景帝欲取先予,让周亚夫俯首帖耳地做大丞相去了,而他自己,则顺利地将兵权收回到自己手中。

第二,欲取先予可以起到迷惑和麻痹对手的作用,以刺激对手迅速达到盛极的态势,从而加速转化过程,最终以弱胜强,出奇制胜。

清初,鳌拜与索尼、苏克萨哈和遏必隆被顺治皇帝任命为辅政大臣,辅佐年幼的康熙。康熙六年(1667),索尼去世,鳌拜翦除了苏克萨哈,压制了遏必隆,唯我独尊,威胁到了皇权。形势危急,康熙决心除掉鳌拜,收回最高权力。

但康熙不能直接罢黜鳌拜,将权力收回,他必须先对鳌拜示弱,再给鳌拜加官晋爵,以强鳌拜。他加封鳌拜一等公,加太师衔,还让鳌拜的儿子纳穆福袭二等公,并加太子少师衔。鳌拜每一次上朝都要站到百官前面,以显示他无上的荣宠,康熙也不恼怒,索性将朝堂事务都交给鳌拜处理,自己躲到后宫跟小太监玩摔跤。

鳌拜位极人臣,已经是一人之下万人之上,而康熙卧薪尝胆,一直在积蓄力量,静待时机。力量转化一直在无声无息地进行,而鳌拜本人也因为康熙的封赏放松了警惕。

康熙八年(1669)五月,康熙宣鳌拜议事,并设下陷阱,而鳌拜浑然不知,还像往常一样,趾高气扬地进了宫。结果,在猝不及防之下,鳌拜被众御前侍卫死死擒住。康熙如愿擒了鳌拜,诛杀了鳌拜的党羽,将权力从鳌拜手中夺了回来。

正如历史上这些案例一般,欲取先予是一种极具战略意义的方法,它用"予"代替"取",极大地降低了风险,而以"予"加速实现"取",又顺应了万物之间对立转化的天道。我们当向老子学习,借助这股转化之力,以非常道做人,以非常道取胜。

能听得逆言，方可锐意进取

信言不美，美言不信。

——《道德经·八十一》

❦【道法释义】

这是老子对做人的最高道德标准以及最高境界的阐释，意思是：真实的言辞不华美，华美的言辞不真实。道家学说讲求真实自然，而真实自然也许并不美丽，很多近乎残酷的真实声音令人不愿倾听。而华美的言辞能够将真实中所包含的残酷全部清除掉，哄着我们心甘情愿地去自欺欺人，然后心满意足，安于现状，不思进取，我们要善听逆言，因为只有听过一些残酷的话，才能奋勇向前，不至于落得残酷的下场。

逆言并不好听，但那极有可能是实话；反之，顺言往往特别动听，但无法保证其真实性。对此，老子总结得简练而准确——信言不美，美言不信。若喜欢漂亮话，尽可以选择听一些歌功颂德、赞扬褒奖的话，那些话固然中听，但是中用吗？

唐玄宗是带领大唐帝国冲上巅峰的贤明君主，是中国历史上敢于开拓进取的君王的表率，其一手打造的"开元盛世"泽被东西，光耀历史。但是，再大的光环也罩不住他惹人争议的后半生。

开创了盛世之后，唐玄宗志得意满，不再想听逆言，而专门喜欢听漂亮的奉承话，同时也慵懒懈怠，不复往昔的锐意进取。有一次，他想从东都洛阳返回西京长安，历史上有名的贤相张九龄就劝谏说秋收还没有结束，如果此时出行一定会叨扰百姓，从而影响生产。可奸臣李林甫却说道："陛下是天子，长安和洛阳都是陛下的皇宫，陛下想回哪就回哪，想什么时候回就什么时候回！"几句话说得唐玄宗飘飘然，于是便不顾百姓农忙，强行回长安了。

后来，唐玄宗从儿子那里抢到了绝世美人杨玉环，日子就过得越发安逸，也越发喜欢听奉承话了。为了不让朝堂上的烦心事影响到心情，唐玄宗将朝廷事务全权交给李林甫。李林甫一上任，就把言官召集起来训话："皇上圣明，用不着你们七嘴八舌，你们只要按旨意办事就行了。"如此这般，唐玄宗果真再也听不到百官们的谏言了，剩下的，就全是他喜欢听的漂亮话。

"安史之乱"的罪魁祸首安禄山原是一个出身微贱的混血胡人，长大后投了军，凭借高超的交际手腕竟然一路升迁，最后还得以面见天颜。

他知道唐玄宗宠爱杨贵妃，也喜欢听漂亮话，就认比自己小许多的杨贵妃为义母，一见面就先拜杨贵妃，后拜唐玄宗。唐玄宗不解，询问原因，安禄山便故作憨厚地回答说："臣是胡人，胡人把母亲放前头父亲放后头。"这句话太中听了，唐玄宗非常高兴，此后更加宠信安禄山，硬生生地养肥了一个乱臣贼子，最后亲手断送了自己一手建立起来的开元盛世。

从一个锐意进取的有为君主到一个不思进取的昏庸皇帝，唐玄宗的一生真是波澜起伏。前半生辉煌绚烂，后半生黑暗惨淡，如此急转直下，其最主要的原因就是作为一个皇帝，原本应该广开言路，善听逆言，接受百官的辅佐与监督，但他却为了一些中听的漂亮话，荒废了朝政，败坏了朝纲，更亲手捏碎了开元盛世的繁华。

真正的做人之道就是把不中听的逆言当作一种强劲的刺激，以此鼓励自己励精图治，奋发前进。历史上这样的例子着实不少，同为唐朝皇帝的唐太宗便是一个典型。他的宰相魏徵从不说漂亮话，此人只要一见皇帝就开始大谏逆言，字字如针，句句如刺，酣畅淋漓地数落皇帝的不是，以致唐太宗一看见魏徵就心惊胆战。但即便天天被魏徵批评，唐太宗还是乐得如此，因为魏徵的逆言已经成了他前进的动力，他很清楚作为一个高高在上的皇帝，只有善听逆言，才能积极进取，成为一个为百姓造福的好皇帝。

我们不是皇帝，但也需要有锐意进取、努力奋斗的精神。与其让美丽的话把我们熏倒在温柔乡里，浑浑噩噩地死去，不如听一些不中听的逆言，让自己清醒，激励自己前进。

着手予微，成败取决于细节

图难于其易，为大于其细。天下难事，必作于易；天下大事，必作于细。

——《道德经·六十三》

❤【道法释义】

这是老子根据矛盾普遍存在的规律所提出的着手于细节的方法论，意思是：处理困难要从容易的时候入手，处理重大的事情要在它细微的时候入手。天下的难事，必须从容易的地方做起；天下的大事，必须从微细的地方做起。老子所言，与现在大家反复论证的"细节决定成败"有异曲同工之妙。我们做人，应该更加注重细微之处，以细节提升自己。因为很多时候，细节会成为决定做事成败的决定性因素。

做人注重细节究竟会产生怎样的影响？我们不妨通过下面这个故事一探究竟。

1961年4月12日，"东方1号"宇宙飞船进入太空，而乘坐其中的宇航员就是世界上第一位进入太空的宇航员加加林。此前待选的宇航员有二十多名，加加林是如何在众多的候选人中脱颖而出的呢？

据说，加加林的任命是由"东方1号"的总设计师科罗廖夫提出的。

论专业技能，所有宇航员的能力都不相上下，而科罗廖夫发现，所有的宇航员中，只有加加林一人在进入飞行舱时会不厌其烦地脱下鞋子，只穿袜子进入舱内，他认为这个青年既懂规矩，又珍爱他为之倾注心血的飞船。他认为将飞船交给一个如此爱惜它的人，才会放心。

果然，加加林圆满完成了任务。

在这则故事中，加加林正是因为自己一个微小的好习惯被科罗廖夫相中，而科罗廖夫正是关注到了加加林这个微小的好习惯，才使这次载人航天项目取得了圆满成功。

无论是选择了加加林的科罗廖夫，还是被科罗廖夫选中的加加林，都是因为对细节的关注远胜他人而做出了正确的选择。可见，细节有多么重要！

不过，有一个概念容易与细节相混淆，那就是小节。古人常说"大丈夫不拘小节"，也就是说做人不要在小事上斤斤计较。细节与小节，这两个概念不尽相同，尽管它们所强调的都是微小之处，看起来一样，但其实性质是完全不同的。所谓细节，极有可能左右大局，也许会对人产生巨大的影响；至于小节，则可有可无，可关注也可忽视。

一个帝国与另一个帝国之间打仗打了很久，终于到了尾声。决战当天早上，国王让马夫把他最心爱的战马准备好，马夫遂风风火火地找到铁匠，让其给战马的四蹄钉好铁掌。

铁匠刚钉好三个铁掌，马夫就等不及了，铁匠只好慌里慌张地给马挂好了最后一个铁掌，就被马夫迫不及待地牵走了。结果，国王纵马上了战场之后，还没跑几步，铁掌就掉了，他被连人带马摔在地上，士兵们见状心生怯意，战线一下崩溃了。国王挥舞着宝剑不甘心地向天吼道："我的帝国竟毁在了一个马掌上！"

如果马夫嫌弃的是马掌的颜色不好看，那叫小节，是可以完全忽视的；但悲剧就在于马夫忽视的是铁掌本身，少了一个钉子，马掌如何钉得上？这个细节决定了王国的一切，甚至改变了世界，而原本应该毫不犹豫坚守的马夫却"不拘小节"了，他没有看出这个细节对整个战争乃至世界的影响会多么巨大。

正因为如此，我们要对细节有足够的重视，千万别将它与小节混为一谈，更要锤炼眼力，善于发掘细节。

四两绵力,也可拨动千斤

天下之至柔,驰骋天下之至坚。无有入无间,吾是以知无为之有益。不言之教,无为之益,天下希及之。

——《道德经·四十三》

【道法释义】

这是老子对"以柔弱胜刚强"的辩证法原理的阐释,意思是:天下最柔软的东西,可以驱使天下最坚硬的东西。无形的力量可以渗透没有间隙的东西,我因此认识到无为的好处。不言的教诲,无为的好处,天下很少有人能够做到。道家主张以无为实现大有作为,以弱制强,以柔克刚,力求一种潜移默化的渲染,而不是大张旗鼓的影响,这就给我们提供了一种非凡的做人方法——以四两之柔弱,巧妙地、不知不觉地拨动千斤之刚强,不声不响间掌控一切。

道家所谓的"四两拨千斤"是一种深邃奥妙的哲学理念,体现出至高的思想境界。我们纵观历史可以发现,凡做人以强制强,以刚克刚,待人遇事常常以硬碰硬的形式展开较量的人,不但不能立于不败之地,反而会因过于刚强而自损。而且,不必说久远的历史,单就今人做人之刚猛就足以引起广泛的担忧。

2013年11月,家住某市的一位李姓父亲与十三岁的女儿发生了争吵。女儿正在读初中,处于青春叛逆期,由于迷恋上了明星而每天不分时段地上网和追星,这令父亲很不满意。父亲的管教也令孩子的脾气变得有点暴躁,产生了焦虑情绪。

这天早上,孩子原本应该照常上学,但临时找不到铅笔刀了,于是她情绪失控,发了脾气,将文具与手机都摔在了地上。父亲见状,顿时火冒三丈,甩了孩子一记耳光。

孩子随即吵闹着要给姥姥打电话告状,父女俩便越吵越凶,女儿口不择言,吼出一句"我爱明星比爱父母更重要"。父亲在盛怒之下，从厨房拿出一把菜刀将女儿砍死了。

愤然出口的一句话，导致一场家庭惨剧，令人唏嘘不已。其实，很多孩子都会在青春期做出一些荒唐叛逆的事情，这不足为奇。但很多家庭都比较平稳地度过了那段时光，这与上面的案例比较起来就很值得人深思了。孩子变得脾气暴躁，为人处世日渐刚猛，言行举止往往不给自己和他人留转圜的余地，那么家长呢？

面对孩子的刚硬，家长也一定要以刚硬对刚硬吗？这样硬碰硬，无论怎样都不会有好结果的。那么，面对孩子在成长中暂时的迷失，家长们应该怎样处理呢？高明的做法是要潜移默化地影响，不知不觉地以四两绵力拨动千斤。

古时候有一位宰相，他和他的夫人只育有一个儿子，因此格外珍视。孩子渐渐长大，时常与朝中其他权贵的孩子戏耍，沾染了一些不良之气。宰相夫人又急又气，常常唤来儿子耳提面命，不能沾染不良之气，但是不仅没什么作用，反而还招致了儿子的反感。宰相倒是每天如旧，上朝理政，下朝自修，忙得不亦乐乎。

一天，宰相夫人怒气冲冲地对丈夫说："你看看，孩子跟那些纨绔子弟搅在一起，学了一身的坏毛病，你倒好，也不管管，这可怎么得了啊！"

宰相笑笑说："我这不是每天都在教导他嘛。教育分言教和身教，像你这样天天吼他，他尚且不愿意听，何况是照着做呢！我以身作则，将自己想要教育他的道理都亲自做出来，他自然就会明白了。"

过了一段时间，宰相的儿子渐渐注意到了父亲的行为，遂行起而效仿，没过几年便和宰相一样，成了一位正直明理、恭敬稳重的谦谦君子。

故事中那位宰相的教育方法是真正的良方，也是高明的做人之道，其关键就在于面对孩子的逆反和强势，不以硬碰硬、声势浩大地搞直接对抗，而是隐秘地、婉转地以巧力制胜。

最早运用道家思想治国的汉高祖刘邦，其开国之初就实践了老子的这一理论。

当时北方匈奴正以崛起之强势南侵大汉，汉高祖刘邦率军三十万北击匈奴，结果被困在白登山达七昼夜。面对匈奴刚硬的兵锋，坐镇后方的吕后如果强势回应，来个鱼死网破，那可能就没有后来的大汉帝国了。幸好，吕后接受了陈平的建议，向匈奴单于阏氏示好,又赠美人,又赠珠宝,最终将刘邦救了回来。

如今的我们由于受到时代影响,多了几分直爽,少了一些委婉,做人往往过于直接和强硬,遇到千斤压顶,往往以万斤顶回,这很不明智,也非常危险。最好循老庄之道,学着用"四两拨千斤"的非凡之法做人。

懂得后退，方能海阔天空

曲则全，枉则直，洼则盈，敝则新，少则得，多则惑。

——《道德经·二十二》

【道法释义】

这是老子根据对立统一的矛盾关系原理所提出的变通的方法论，意思是：委曲才能保全，屈就才能伸展，低洼才能盈满，破旧才能生新，少取才能多得，贪多便会迷惑。依老子所言，按现有之势继续发展下去，很可能因遇到强硬阻碍而进退两难，将自己逼入绝境；如果事先就收敛势头，撤回一步，顺势转化，那么，我们的眼前将豁然开朗。我们做人当能屈能伸，因客观形势的变化而变化，在变通中做到自己想做到的事，在伸屈中做自己想做的那一类人。

做人需要懂得后退的哲学。在人生中，很多事情并不是一味前进就能解决的，相反，有时候放一放一往无前的魄力，松一松勇猛无畏的那根神经，反而能得到更好的结果。

威廉·麦金莱是美国历史上少有的、在对待政敌时懂得后退的总统。

有一次，在关于用人的问题上，议会中有位议员对他不满，在议会上大骂麦金莱。麦金莱却不动声色，安静地听他骂完后，才站起身说："按你的身份，是没有资格那样对我的。不过，我也不会对你怎么样，我想我有必要告诉你我的理由。"

接着，麦金莱将自己的理由阐述出来，那位议员羞得面红耳赤，议会中也很少有反对的声音了。

这就是"懂得后退"的力量。假如麦金莱凭借总统的权力在议会上与那位议员争辩，结果肯定不会如此顺利。麦金莱的态度，可以说是退让，但更算得上是他的策略和智慧。

在人生的长河中，如果懂得后退，那么你的人生就会多一分淡定，少一分纷扰。正所谓退一步海阔天空，中国人一向重视人与人之间心意的交汇，后退一步，能够明显地体现出一种人文关怀，让彼此摒弃成见，将心比心，最终实现和谐相处。

退一步除了能够体现出人文关怀，拉近彼此的距离之外，更为重要的一点便是使我们占据了道德的制高点，让我们在处理问题时更加游刃有余。

公元前636年，晋献公之子，即公子重耳，在久经颠沛流离之后，回到了阔别十九年的故土，继位为晋文公，并开始着手进行改革。很快，晋国实力得到迅速提升，晋文公见时机成熟，便决心确立在中原的霸主地位。可是，此举遭到了楚国的强烈抵抗，双方遂爆发了一场大战。

大战之前，双方对阵，楚军一到，晋文公便下令全军后撤。晋军士兵十分不解，觉得这就是在认输，不满之心遂起。对此，晋国大臣狐偃向众将官解释道："这次后撤实属有因，当年，主公曾经流落到楚国，接受过楚王的帮助，今日对战，我们先退一步，便是报答楚国的恩惠。"就这样，晋军一路后撤九十里。楚军统帅见仗还未开打，晋军就已经忙着溃逃了，非常高兴，遂下令追击，而且还写了一封措辞极其傲慢的战书。晋文公一看事已至此，只能应战。这一战，楚军丢盔卸甲，大败而回。

对晋文公而言，为确立霸主地位而进行的晋楚之战原本是一场无所谓道义的争霸战，但是，晋文公主动自退一步，就等于占据了道德的制高点，实际上就保证了自己是站在了战争正义的一方。如此一来，战争的优势就会向晋国方面转移，胜利也就是顺其自然的了。

可见，后退一步除了能够体现出极高的做人境界，还会给人们带来实际的便利，因此，我们做人实在无须强求一定要步步向前，以致将自己和他人逼入绝境，有时候退一步，方能看见前方的海阔天空。

持之以恒，有始有终

慎终如始，则无败事。

——《道德经·六十四》

【道法释义】

这是老子肯定持之以恒的毅力对事情结果起到积极作用的阐释。意思是：如果能像慎重对待开始一样对待结束，就不会有失败的事情了。老子认为很多人在人生刚开始的时候都能够开创出良好的态势，以及相应的良好局面，但随着时间的推移，人们的热情逐渐冷却，专注力日渐涣散，整个态势随之崩盘。最终做事失败，做人也失败。我们做人做事要引以为戒，必当善始善终，以怎样的状态开始，就以怎样的状态结束，那么失败不会有，结局也不会错。

有位老木匠，他兢兢业业干了一辈子木匠活，终于到了退休的年纪。有一天，他一身轻松地对老板说，他岁数大了，要辞职了，终于可以休息了，再过一个月，他就可以回家与家人相守在一起，享受天伦之乐。

老板痛快地答应了，不过，他有一个请求，希望老木匠在临走前再帮他最后一个忙——造一间精巧的小木屋，老木匠欣然答应了。不过，退休在即，老木匠的心思早已不在工作上了，他随随便便地挑选了木料，马马虎虎地建完了小木屋。到了交货验收的那一天，老板将一把钥匙交到了老木匠手中，然后说道："这是你的房子，我把它当作礼物送给你。"老木匠先是愣住了，然后一脸懊悔，他从第一天工作开始，一生盖了无数漂亮精致的房子，可到了最后，他却给自己盖了一座最最粗制滥造的房子。

善始并不难做到，人的好奇、热情、理想、大义、责任感……这任何的一个积极因素都足以支撑人们创造出一个美好的开始；但善终并不容易做到，因为好奇心会消散,热情会冷却,理想会破灭,大义会淡薄,责任感会缺失……这些消极因素中的任何一个都会让人们得到一个丑陋的结局。

故事中的老木匠也曾有过优秀的开始,甚至有更加优秀的进步拼搏过程,可只有这个结局不尽如人意,可谓遗憾。正因为生活中很多人都像老木匠一样,没有做到善始善终,以致抱憾,所以我们才要引以为戒。

其实,当我们深究做人不能善始善终的原因时,就会发现支撑我们做人有持之以恒信念的最重要的两个积极因素——意志力和专注力被削弱了。

汉代有一位名叫乐羊子的贤者,他年轻的时候无所事事,整天不是在家好吃懒做,就是在外闲逛。后来,他娶了一位妻子,这位妻子贤良淑德,知书达理,而且颇有见地。

有一天,乐羊子妻对乐羊子说:"你堂堂七尺男儿,总是赋闲在家不好,如果你能多学一些知识和技能,将来就可以做大事了。不过,咱们这里是个小地方,你总在这里转悠,是不会有出息的,不如准备一些盘缠,到远方去游学吧。"乐羊子觉得妻子说得有道理,便收拾行装,离开了家乡。

一年后,乐羊子妻正在家中织布,忽闻门外有动静,便起身开门,没想到乐羊子竟站在门外。乐羊子妻欢喜万分,马上将丈夫迎进屋中,隔了片刻,乐羊子妻忽然想起了什么,脸色一暗,说道:"你去外面求学,怎么一年就回来了,难道已经学完了吗?"

乐羊子愁眉苦脸地说道:"我很想你,根本学不下去,而且游学的生活太苦了,你又不在身边照顾我,我实在坚持不了了。"

乐羊子妻一听,立刻拿起一把剪刀,将织布机上的线剪断,乐羊子赶紧上前阻拦,他的妻子却说道:"你看见了吗?织布机上的布是一丝一线,一尺、一丈、一匹积累起来的,我每天专注于织布,再累也不会觉得辛苦,经年累月织下去,从没想过要放弃。我今天把布剪断,就等于前功尽弃。你读书就像织布一样,你思念我,我很欣慰,可这样一来你就无法专注于学习;你意志不够坚定,稍微受点苦就跑回家,总是这样,你什么时候才能成材啊?"

乐羊子听了妻子的话,心中愧疚,马上折返回去继续求学,此一去整整七年,其间,他从没回过家探视,也从未中断过学业,直至学成归来。

人生中很多消极的东西，甚至是积极的东西，都有可能会击溃人的意志力，涣散人的专注力，使我们做事半途而废，成功地起，却失败地回。所以说，人生就是一场漫长的考验，我们所接受的唯一考验内容就是做人，这就需要我们始终保持住意志力和专注力，把在起点时那副饱满的状态毫无减损地保持到终点，持之以恒，善始善终。

下篇

儒成事

第1章

清清白白好做人，明明白白易成事

人生的三大乐事

> 君子有三乐，而王天下不与存焉。父母俱存，兄弟无故，一乐也；仰不愧于天，俯不怍于人，二乐也；得天下英才而教育之，三乐也。君子有三乐，而王天下不与存焉。
>
> ——《孟子·尽心上》

【儒学释义】

这是孟子所提出的君子三乐，其中第一乐是父母俱存，兄弟没有什么祸患，尽到了孝道和友爱；第二是胸襟光明磊落，没有做对不起人、对不起天地的事；第三是得天下英才而教育之。

孟子认为这是生命中三种简单的快乐，是君子的乐趣，可以解决人生之苦。"父母俱存，兄弟无故，一乐也。"父母兄弟，情深义重，乃人生的起点，天伦之乐，其乐融融，故此乐居三乐之首，也是情理之中。生我者父母，养我者父母，疼我者父母，念我者父母，儿行千里父母担忧。我们刚出生时，就如草木的嫩芽一样易于摧折，难以培养。父母时时刻刻将我们记挂心上，只怕那嫩芽遇到狂风、遭到骤雨。

与父母为乐，与兄弟也是一种乐。兄弟本是同根所生，不过是时间先后之别，原是一脉同气，却多有为分财不均争利，以致手足相残、情义断绝者，岂能无碍于良心？即使你做到极品高官，而他却瓦灶绳床，乐又从何来？若父母能长寿且平安，双双俱在堂上，兄弟你敬我爱，和和美美，承欢父母膝前，身处富贵自有富贵处的欢乐，身处贫贱自有贫贱处的自在，这种天伦之乐真是在陋巷可以傲至尊，在豪门可以傲神圣。所以说："父母俱存，兄弟无故，一乐也。"

"仰不愧于天，俯不怍于人，二乐也。"这二乐之中坦荡的是清白正直的人格。

《左传》中有这样一个故事：齐国的大臣崔杼弑其君齐庄公，齐太史于是秉笔直书："崔杼弑其君。"崔杼一怒之下杀了齐太史。齐太史的两个弟弟仍然如此写,"崔杼又杀其弟",后来齐太史的另一位弟弟,写史书时,仍然是"崔杼弑其君",崔杼无奈,只好由他去了。故事还有一段插曲,"南史氏闻太史尽死,执简以往,闻即书矣,乃还",一个同样是写史书的人听说三位太史被杀,竟然拿着书简,前去声援,在半路听说这件事情已被写入史册,才在中途返回。

我们今天看这则故事,仍然不免有一种热血沸腾的感觉,为了维护记史的直书实录传统,齐国的太史们视死如归,一个接一个地用鲜血换来了史书上的真话,以及直书实录的史学传统!齐国"太史简"体现了史家的正直人格,正是俯仰无愧天地也。

所以人们常说问心无愧。我们在这世间,面对任何事情,当不问成败,只问是非,仰不愧于天,俯不怍于人,就是当得起"问心无愧"四个字了。一个人的是非功过,绝非取决于片面,唯有尽心尽力,俯仰无愧,谦冲自牧,有为有守,其人格精神方能可久可大,千古流芳;否则,短视近利,纵然叱咤一时,仍会淹没于历史洪流之中,激不起任何涟漪。人生一世,不卑不亢,没有傲气却有傲骨,做人如此,足矣!

"得天下英才而教育之,三乐也。"这第三乐之中虽隐隐透出孟子的理想和一点大丈夫的自负,但是我们不妨这样解读:这是一份将自身德行推己及人的社会责任和社会关怀,这样的快乐是众乐之乐。一位满腹经纶的学者、思想家,总是想让自己的思想发扬光大,惠及天下苍生。而其唯一的途径就是"传道授业",得天下英才而育之,从而使自己的思想得以传播、发展并最终使天下百姓获益,这是真君子所为,更是人生一大乐事!

山西河津人王通,隋朝末年的著名学者,"初唐四杰"之一王勃的祖父,史书上称他为"名儒"。他自幼喜好读书,学习十分刻苦。据说他曾有6年时间不脱衣睡觉,困倦难耐时就躺一会儿,起来再学。后终学有所成,因怀才不遇,便返回家乡河东教授学生。当时慕名来他门下求教的弟子多至千人。他的学说在当时流传很广,名气很大,为此,后人给予他极高的评价。

从王通的故事中,我们可以看出,儒家讲进则做治国平天下的事业,若不能,则退而教书育人,为天下培养英才,何尝不是人生又一大乐事。这种做事处世的大仁之心,实在值得我们好好学习。王通,这个儒家学者的柔弱手指,竟能演奏出大唐帝国的最强音,确实也称得上能真正体会"得天下英才而教育之"的乐处。桃李满天下,人生若此，岂有不乐之理。

　　尽享天伦，无愧于心，且与天下苍生同欢乐，孟子的"君子三乐"，从个人而天下，真是道尽人生最大乐事。人生不满百，求的就是一快乐。快乐有很多种，而一个真正有修养的人绝不会局限于自身之乐，正所谓：独乐乐不如众乐乐。我为人人，人人为我，天下人快乐，我就会更快乐。这是儒家学说给我们的启示。

既做承诺，必须执行

人而无信，不知其可也。大车无輗，小车无軏，其何以行之哉？

——《论语·为政》

【儒学释义】

这句话的意思是：做人没有诚信，就不知道他有什么可取之处了。这好比大车缺了輗、小车缺了軏一样，这样的车靠什么前行呢？诚信，是儒家十分重视的一条做人原则。在儒家看来，人失去信用就无法在社会上立足，诚信，是人们做事做人的最重要法则之一。而这也是儒家教给我们现代人的一条宝贵的做事道理。

曾子是孔子的学生。有一次，曾子的妻子准备去赶集，由于孩子哭闹不已，曾子妻子许诺孩子回来后杀猪吃。曾子妻子从集市上回来后，曾子便捉猪来杀，妻子阻止说："我不过是跟孩子说着玩的。"曾子说："和孩子是不可说着玩的。小孩子不懂事，凡事跟着父母学，听父母的教导。现在你哄骗他，就是教孩子骗人啊。"之后曾子就把猪杀了。

曾子深深懂得，诚实守信、说话算话是做人的基本准则，若食言不杀猪，那么家中的猪保住了，却在一个孩子纯洁的心灵上留下不可磨灭的阴影。曾子用他的言行告诉世人，一诺千金是做人必须信守的要义。

近代学者梁漱溟先生曾说，中国文化的最大特征是"人与人相与之情厚"，就是说人和人在一起感情非常深厚，而这种感情的深厚是以信用作为基础的。如果一个人没有信用，根本就不能在社会上很好地生存。所以，自古至今，父母在教育儿女的时候，都非常注重对子女进行诚信方面的教育。像上面提到的曾子教子就是一个很好的例子。

一诺千金，自己说话一定要算数，自己许下的诺言，一定要去实现它，即便是对孩子也是如此。信口开河、言而无信，只会让自己失去做人的从容与真挚，同时失去别人的信赖之心。反之，如果坚持遵守自己的承诺，往往会博得他人的爱戴。古人十分看重诚信，认为"言必信，行必果，"大丈夫一言既出驷马难追，甚至不惜牺牲性命来保全自己的信义。

冯梦龙的传世小说《喻世明言》中，有一个这样的故事：

张劭和范式同在太学学习，二人脾气相投，结拜为兄弟，后来两人分别返乡，张劭与范式约定第二年重阳将到范式家拜见他的父母，看看他的孩子。当约好的日期快到的时候，范式把这件事告诉母亲，请母亲准备酒菜招待张劭。

然而，范式左等右等，直到太阳西坠，新月悬空，仍不见张劭来赴约。母亲问："你们分别已经两年了，相隔千里，你就那么相信他吗？"

范式回答："张劭是一个讲信用的人，他一定不会违约的。"

范式一直候在门外，直至深夜时分，才见一黑影隐隐飘然而至，仔细一看，来的却是张劭的魂魄。原来为了养家，张劭忙于经商，不知不觉忘了二人的重阳之约，直到当日早上才回想起来。可是从张劭所在的山阳到这里足有一千里路，一天之内无论如何都走不到了。为了守约，他想起古人曾说过：人不能一日千里，而魂魄可以。于是挥刀自刎，让魂魄来赴这次约。

"请兄弟原谅我的疏忽。看在我一片诚心上，你去山阳见一见我的尸体，那我死也瞑目了。"话说完，张劭的魂魄就飘走了。

而范式在赶到山阳见了张劭灵柩后，自愧张劭为己而死，也挥刀自刎来回报张劭的信义。众人惊愕不已，后来就把二人葬在了一起。汉明帝听说此事，非常赞赏二人之间的真诚与心意，在他们墓前建了一座庙，称为"信义祠"。

小说中的故事太过玄幻，但我们不难看出因为诚信，所以张、范受人尊敬。信，人之言为信，言而无信则非人。诚信，就好像是人生的保护色。一个诚信的人，他的人生将会发出耀眼、灿烂的光芒。

诗人海涅曾说："生命不可能从谎言中开出灿烂的鲜花。"谎言会埋没一个人的良知，让他从此失去他人的信任，生命因而变得暗淡无光。生活中，我们需要真诚面对生活的态度。在开始追求自己的事业时，如果能下定决心，将自己的诚信心态当作事业的资本，做任何事都要求自己不违背诚信的话，那在日后，即使不一定功成名就，也肯定不会一败涂地。反之，一个在事业征途中失掉诚信的人，做人格局太小，永远成不了大事。

做人一诺千金，约定和诺言都一定要兑现。正所谓"大车无輗，小车无軏"，輗和軏都是车子稳定和前进的关键所在，如果大车没有横杆，小车没有挂钩，那车子是走不动的。对于人来说也是一样，不管做人、处世、为政，"信"都是关键所在。一个人失去了信用，就失去了做人的基础，长此以往，别人对其只会敬而远之。

相对才能，德行更加重要

如有周公之才之美，使骄且吝，其余不足观也已。

——《论语·泰伯》

❤【儒学释义】

这句话的意思是说：即使才能美好比得上周公，只要骄傲吝啬，其余的一切也都不值一提了。儒家十分看重人的品德，认为德行比才能更重要。这其中，才能和资质属于"才"的范畴，骄傲和吝啬属于"德"的范畴。也就是说，如果一个人才高八斗而德行败坏，那么圣人连看也不会看他一眼。

只有德才兼备才是完美的人才，如果"德"是熊掌，"才"是鱼，二者不可兼得时，孟子舍鱼而取熊掌，舍"才"而取"德"。对此，近代学者胡适先生认为：孔子的人生哲学注重的是养成道德的品行。故无论做人做事都要以道德作为基础，只有品德高尚的人才能获得真正的成功。

有一位老锁匠一生修锁无数，技艺高超，收费合理，深受人们敬重。渐渐地，老锁匠年纪大了，为了不让自己的技艺失传，他决定为自己物色一个接班人。最后老锁匠挑中了两个年轻人，准备将一身技艺传给他们。一段时间以后，两个年轻人都学会了不少东西。但由于老锁匠精力有限，两个人中只有一个能得到真传。于是，老锁匠决定对他们进行一次考试。

他先准备了两个保险柜，分别放在两个房间里，让两个徒弟去打开，谁花的时间短谁就是胜者。结果大徒弟只用了不到十分钟就打开了保险柜，而二徒弟却用了半个小时，众人都以为大徒弟必胜无疑。

老锁匠问大徒弟："保险柜里有什么？"大徒弟眼中放出了光亮："师父，里面有很多钱，全是百元大钞。"问二徒弟同样的问题，二徒弟支吾了半天说："师父，我没看见里面有什么，您只让我打开锁，我就打开了锁。"

老锁匠十分高兴，郑重宣布二徒弟为他的正式接班人。大徒弟不服，众人不解，老锁匠微微一笑说："不管什么行业都要讲一个'信'字，尤其是我们这一行，要有更高的职业道德。我收徒弟是要把他培养成一个高超的锁匠，他必须做到心中只有锁而无其他，毫无贪念和私心。否则，心有私念，稍有贪心，登堂入室或打开保险柜取钱易如反掌，最终只能害人害己。我们修锁的人，每个人心上都要有一把不能打开的锁才行。"

老锁匠的话着实耐人寻味，他把道德作为收徒的最终标准，所以二徒弟虽比大徒弟的技术差了一些，但最终因为品德高尚而被师父选为接班人。

孔子教学生注重自身的道德修养，显然涉及伦理道德教育，目的当然还是建立良好的人际关系。在孔子的心目中，有高尚道德的人就是有仁爱之心的人，也就是能博济众施的人，是能为他人着想的人，更是能够造福天下苍生的人。

所以孔子说："骥不称其力，称其德也。"就是说："对于千里马，不称赞它的力气，要称赞它的品质。"尚德不尚力，重视品质超过重视才能，这是儒家的人才思想，也正是我们今天选拔人才的标尺。

决定一个人价值和前途的不是聪敏的头脑和过人的才华，而是正直的品德。儒家其实崇尚品德就是力量，它比"知识就是力量"更为有力。

我们的确可以看到这样一种现象：一个普通的人如果品德败坏、能力差，他对社会的危害还不会太大。而如果是一个能力非常强、智商非常高的人，道德败坏、野心还很大，那他造成的危害就会非常大，有时候甚至会因为他一个人，就断送掉一家公司，甚至一个国家。

没有目标的头脑，没有德行的知识，没有仁善的聪明，固然是一种力量，但它们只能起到巨大的负面作用。他们或许能给人们带来一些启发，或者也能给人们一些趣味，但是很难让人尊敬。

反之，一个人德行很好，能力虽然差了点，但他只要虚心好学，提高自己，逐渐进步，也能把事情做得更好。当然，需要特别注意的是，我们不能因此走向另一个极端，忽略个人的能力，不尊重知识，不尊重人才。毕竟，德行是我们行走在世间的前提，才能则是创造人生的手段，两者结合，才能使我们的人生绚烂多姿！

以赤子之心接人待物

存其心，养其性。

——《孟子·尽心上》

❤【儒学释义】

这句话的意思是：保存赤子之心，修养善良之性。我们生来便有一颗赤子之心，不沾俗尘，不染污土，而仁爱是首先要培养出来的性情。为他人奉献善心，为社会造福祉，他人和社会必定会以善回报你。

在以前的药铺里，人们常常可以看到这样一副对联：但求世上人无病，何妨架上药生尘。这其中便包含着对生命的一种关怀，这样悲天悯人、宽厚无私的情怀是行医者最令人钦佩的地方。自己虽然是良医，却祈求别人不生病，其中蕴含着至高境界的道德品质。

世间天地万物数不胜数，其中最能够打动人的莫过于一颗宽厚无私的善良之心。

山东潍县以前是个多灾多难的地方，经常发生水灾、旱灾。扬州八怪之一的郑燮（即郑板桥）在当地任县令的七年期间，就有五年发生灾情。他刚到任那一年，潍县发生水灾，十室九空，饿殍满地，其景象惨不忍睹。郑板桥据实上报，请求朝廷开仓赈灾，可朝廷迟迟不准。在危急时刻，郑板桥毅然开仓放粮，他说："不能等了，救命要紧。朝廷若有怪罪，就惩办我一个人好了！"此举拯救了数万百姓的生命，也获得了百姓的爱戴。

郑板桥秉承儒家心系天下苍生的精神，心念百姓疾苦。他深知"民为邦本，本固邦宁"，做任何事，他首先想到的就是百姓。他招壮劳力修整水淹后的道路城池，采取以工代赈的办法救济灾区百姓；同时责令大户在城乡施粥救济老弱饥民，不准商人囤积居奇；他自己带头捐出官俸，并刻下"恨不得填满了普天饥债"

的图章。他开仓借粮时有秋后还粮的借条，到秋粮收获时，灾民歉收，他当众将借条烧掉，劝百姓放心，努力生产，来年交足田赋。他的这些举措，使无数灾民解决了倒悬之危。

为了老百姓，他得罪了一些富户，特别是在整顿盐务时，更是触动了富商大贾的私利。潍县濒临莱州湾，盛产海盐，长期以来，官商勾结，欺行霸市，哄抬盐价，贱敛贵发，缺斤少两，以次充好。郑板桥对这些做法深恶痛绝，严令禁止。因此，一些富人对他造谣毁谤，匿名上告。

1753年，潍县又发大灾，郑板桥申报朝廷赈灾，他的上司怒其多次冒犯，又加上听信谗言，不但不准，反给他记大过处分，钦命罢官，削职为民。

离开潍县时，百姓倾城相送。郑板桥为官十余年，并无私藏，只雇三头毛驴，一头自骑，两头分驮图书行李，由一个家丁引路，回家乡去。临别时他为当地人民画竹题诗："乌纱掷去不为官，囊橐萧萧两袖寒。写取一枝清瘦竹，秋风江上作渔竿。"

郑板桥为官，不以自己的才情作为晋升的手段，也不以此卖弄，而是把才思都用在为民谋福上，这种宽厚无私的精神是人格的最高境界。

孔子在《论语·颜渊》中也曾说过："听讼，吾犹人也。必也使无讼乎！"意思是说：审理诉讼案件，我同别人一样能做好。但内心总是希望这些事情不再发生啊！孔子希望通过教化来提升人们的修养，减少案件的发生。这是以天下人为念的崇高博大的情怀。

中国古代故事里那个忧天的杞国人，总是受到人们的嘲笑。其实，换一个角度来看，他的思想和行为恰恰体现出一种常人所没有的对苍生的悲悯，这也是对潜在危险的一种担忧。

与杞人忧天者的备受嘲笑不同，悲天悯人在中国人的眼里却是一种高尚的情操，那种对人类的无差别的关怀令人动容。

悲天悯人，是要将福祉惠泽天下的芸芸众生，人只是这个世界微小的一部分，花草鸟兽作为世界的一分子，也应受到福祉的惠泽。孔子曾说"子钓而不纲，弋不射宿"，意思是说孔子钓鱼，但不用绳网捕鱼；孔子射鸟，但不射栖宿巢中的鸟。在孔子的眼里，适可而止、仁爱万物是对一草一木的尊敬，也是留给子孙后代的福泽。

确实，在这天地间，即使只是一只毫不起眼的小蚂蚁，也是造物主的恩赐，它的生命与我们人类的生命并没有本质区别，它也应该享有生命尊严。对生命的关怀并非人性的道德完善，也并非居高临下的施舍，而是对生命平等的尊重和深切的关怀。很多时候，我们关怀其他生命，也是对我们自身的关怀与尊重。

道貌岸然的伪君子做不得

质胜文则野,文胜质则史。文质彬彬,然后君子。

——《论语·雍也》

【儒学释义】

这句话的意思是:如果一个人的朴实多于文采,就未免显得有些粗野,而文采多于朴实,又有些华而不实。文采和朴实配合适当,这才是君子。文质并重,是孔子认为最理想的为人处世境界。但是,世人往往在"文"或者"质"上有所偏颇,因此真正能做到两者兼有的并不多。孔子也意识到了这一现实问题,所以他才说:"不得中行而与之,必也狂狷乎,狂者进取,狷者有所不为也。"

中行即中庸之道,指的是文质彬彬的君子之风。如果身边没有这样的翩翩君子,就和狂狷之人相处。狂者敢作敢为,狷者对有些事也是不肯干的。这两种人言行举止上也许并不符合"礼"的要求,但他们是真性情的流露。所谓狂狷者本不合乎中庸,一偏于积极,一偏于消极,他们都有一种好处,即是能表现他们的个性,能率真不虚假。虽然并不完全从仁心出发,表现的却是完整的纯粹的性情,这种人也是值得结交的。

王国维《人间词话》说:"'昔为倡家女,今为荡子妇。荡子行不归,空床难独守。''何不策高足,先据要路津?无为久贫贱,轗轲长苦辛。'可谓淫鄙之尤。然无视为淫词、鄙词者,以其真也。"这两首诗原本语言有些粗鄙,但是却依然值得欣赏,就在于他们感情之真切。

相对地,孔子又说道:"乡愿,德之贼也。"后来的孟子也说过相似的话:"阉然媚于世也者,是乡愿也。"

乡愿就是道貌岸然的伪君子。内在道德败坏,但是表面上却彬彬有礼、八面玲珑、世故圆滑,满口仁义礼智信。如《儒林外史》里的范进,在服丧期间为表道不肯用银镶杯箸吃饭，后来换了象牙的，仍然不肯用，直至换了双白颜色竹筷子才算罢休。看似一个至孝之人，不敢丝毫违礼，文章却接着写了一个细节：他在燕窝碗里拣了一个大虾圆子送到嘴里。伪君子的形象跃然纸上。

正是出于对伪君子的憎恶，所以孔子说："巧言令色，足恭，左丘明耻之，丘亦耻之。匿怨而友其人，左丘明耻之，丘亦耻之。"之前孔子还说过："巧言令色，鲜矣仁。"可见他对于巧言令色之徒的深恶痛绝。"鲜矣仁"和"德之贼"正是一个意思，都是质之不行。刘基在《卖柑者言》中就讽刺了这样的人：金玉其外，败絮其中。礼原本是出于真心，只是为那份心穿上一件合身而得体的衣裳而已，现在却用花哨的衣裳来掩盖内心的龌龊。

孔子的人生态度也就是求心安，心若安定，外面的风吹雨打都可看作过眼云烟。礼也是如此，林放问礼之本，子曰："大哉问！礼，与其奢也，宁俭；丧，与其易也，宁戚。"在孔子看来，心中之礼比外在的礼更重要。

奢华容易让人迷失"礼"原来的意义。丧事与其做到形式上周到完备，不如从内心真正感到哀伤。礼可简约，但情万万不可淡薄。

鲁迅先生在《魏晋风度及文章与药及酒之关系》中写道："不过何晏王弼阮籍嵇康之流，因为他们的名位大，一般的人们就学起来，而所学的无非是表面，他们实在的内心，却不知道。因为只学他们的皮毛，于是社会上便很多了没意思的空谈和饮酒。"阮籍等人的言行举止虽然看起来不合礼法，但是他们知道自己在做什么、在写什么，在用手中的笔去改变什么。用鲁迅先生的话说："大凡明于礼义，就一定要陋于知人心的，所以古代有许多人受了很大的冤枉。例如嵇阮的罪名，一向说他们毁坏礼教。但据我个人的意见这判断是错的。魏晋时代，崇奉礼教的看来似乎很不错，而实在是毁坏礼教，不信礼教的。表面上毁坏礼教者，实则倒是承认礼教，太相信礼教。因为魏晋时代所谓崇奉礼教，是用以自利，那崇奉也不过偶然崇奉。"

孔融是孔子的后代，也是一个不可多得的人才。公元196年，袁绍的儿子袁谭攻打青州，当时作为青州刺史的孔融侥幸躲过了一劫。后来，孔融辗转成了曹操的手下。刚开始，曹操很器重孔融，让他到许昌做了将作大匠。但孔融比较耿直，且不畏强权，只要他认为不对的就会跳出来阻止。

公元197年，袁术称帝，曹操很生气，就迁怒于太尉杨彪，因为杨彪曾经与袁术进行过联姻。曹操诬陷杨彪，说杨彪想要废黜天子，要抓杨彪入狱，并治他大逆不道之罪。孔融听说了这件事后，就跑到曹操面前讲道理，把曹操说得哑口无言。后来，孔融又暗中活动，为杨彪说情，最终让杨彪脱离了曹操的魔掌。曹操由此开始对孔融不满。

后来，曹操颁布了一条禁酒令，说酒会亡国，一定要严禁。实际上，曹操这样做是为了节约粮食。但是，孔融却很不识趣地跳出来，说自古以来都说女人会亡国，为什么不把女人一起禁了？曹操对此无言以对。

反对一回也就算了，孔融公开反对曹操的次数多了，就让曹操相当恼火，并且记恨在心。尤其让曹操受不了的是，孔融反对曹操的政治方向。

于是，曹操让郗虑搜罗能给孔融定罪的证据。没多久，郗虑就收集到了孔融两大不敬的言论。一个是不尊重先哲。孔融曾经与祢衡相互吹嘘，祢衡称赞孔融是"仲尼不死"，而孔融则称赞祢衡是"颜回复生"。另一个则是不尊孝道。闹饥荒的时候，孔融曾经对别人说："假如父亲不好，那我宁肯将东西让给别人吃，让父亲饿死。"对于母亲，孔融认为，母亲与儿子没有什么爱，就好像一件东西暂时寄放在瓦罐中一样，倒出来以后，双方就不会再有什么关系了。这些言论在当时是足以杀头的重罪，曹操抓住机会，以此为借口杀了孔融。

从表面上看，曹操杀孔融是因为他的不孝，但实际上曹操不过是将这个罪名安在了反对自己的人身上罢了。

这里曹操便成了孔子所说的乡愿，看似在维护伦理道统，其实他的心中并无这些道义，伦理只是他的政治手段而已。既然伦理被不信伦理的人所利用，真心信伦理的阮籍等人便反其道而行之，如阮籍闻母丧，貌似镇定自若，与情理不通，却又吐血数升，表其真情。他的行为表面上就是孔子所说的狷——偏于消极，当为而不为。若在正常的年代，他们完全可以做文质彬彬的君子，但是在司马氏独掌大权的年代，真心信礼教的人却只能用这种方式来完成对礼教的皈依。

孟子曾说："鱼，我所欲也，熊掌，亦我所欲也；二者不可兼得，舍鱼而取熊掌者也。"对于孔子而言，文与质都是他所欲；二者不可兼得，宁取狂狷不取乡愿也。

做人不论方圆，切不可学成乡愿那样的人，毫无原则。道貌岸然、内心腐败的人是最让人痛恨的。所以生活当中，我们不仅自己不可有类似的行为，也要注意远离这样的人。所谓"和而不流"，也就是这个道理。

坦坦荡荡，即可远离忧惧

君子坦荡荡，小人长戚戚。

——《论语·述而》

❤【儒学释义】

这是孔子经典妙语之一，意思是说：君子心胸宽广坦荡，小人经常心绪不宁。后人也常以此区别君子与小人。君子"坦荡荡"，胸襟永远是光风霁月，无论得意或艰难，都自然地胸襟开朗，乐观而不盲目，对人也没有仇怨。小人心里是永远有事情的，不是觉得某人对不起自己，就是觉得这个社会不对，更有甚者觉得就是某件事对自己不利。

其实，世界根本没有改变，改变的只是你自己的心境。无论何时何地，保持着坦荡的心境，世界便一片祥和。

一天，林先生站在珠宝店的柜台前，随手把自己的皮包放在了柜台上。在他挑选珠宝时，一个衣着讲究、仪表堂堂的男士也过来挑选珠宝，林先生礼貌地把包移开。但来者却十分愤怒，告诉林先生他是个正人君子，根本无意偷他的包，林先生的举动是对其人格的侮辱，话说完便怒气冲冲地走出了珠宝店。

林先生莫名其妙被人嚷了一通，也怒气满怀，没心思再看珠宝了，便出门开车回家。马路上的车堵得像一条巨大而蠢笨的毛毛虫，缓慢地蠕动，看着前后左右的车，林先生就气不打一处来：哪来这么多车？哪来的这些不会开车的司机？

后来他与一辆大型卡车同时到达一个交叉路口，林先生想："这家伙仗着他的车大，一定会冲过去。"随即下意识地准备减速让行。

却没想到，此时，卡车先慢了下来，司机将头伸出窗外，向他招招手，示意他先过去，脸上挂着一个愉快的微笑。林先生将车子开过路口的一瞬间，满腔的不愉快竟然全部消失无踪，心胸豁然开朗。

你眼里的世界，是你心境的反映。林先生的经历，我们都可能遇到过。其实，做人只要问心无愧，坦坦荡荡，对每天遇到的各种突如其来的状况，我们也就能应对自如，而不会被其搅乱心情。在儒家先贤眼里，这是君子风范的标准之一。

《论语·颜渊》中写道："子曰：'仁者，其言也讱。'曰：'其言也讱，斯谓之仁已乎？'子曰：'为之难，言之得无讱乎？'"

孔子是大教育家，有一次，他的弟子司马牛问老师："什么叫仁呢？"孔子回答他的话很简单，他说一个仁道的人在说话的时候不会信口开河。

司马牛有时有放言高论的习惯，所以孔子教他不要随便说话。司马牛一听，说："原来做到仁是那么简单啊，就是不随意开口说话，说话的时候忍一忍，难道这就是您所提倡的仁吗？那也太容易了。"

但我们知道凡是看起来很简单的道理往往做起来都很不容易，关键是看能不能坚持下来。这需要我们极有耐心和恒心，很多时候更是我们在和我们的缺点较量，所以孔子说，听着觉得很容易，真做起来其实很难。

接着司马牛问孔子怎样才能够得上一个君子。子曰："君子不忧不惧。"曰："不忧不惧，斯谓之君子已乎？"子曰："内省不疚，夫何忧何惧？"

我们看看孔子说的"不忧不惧"这四个字，再回想一下自己，长住在忧烦中，没有一样不担心的。往大了说，忧烦这个世界怎么一团糟；往小了说，自己怎样能得到领导重视，怎么才能不失恋……一切都在忧中，一切也都在怕中。透过"不忧不惧"这四个字，就能了解很多人的人生几乎始终在忧愁恐惧中度过，能将人生参悟到无忧无惧，那真是了不起的人。

而司马牛一听，觉得这个道理太简单了。你看那些亡命之徒从来就没有什么害怕的，他们没有钱的时候就去偷和抢，反正活着也是活着，怎么活还不都是一样要死？孔子一听，知道他的学生又理解错了。

于是孔子又说，一个人能做到内省不疚，就没有什么好忧惧的！

确实如此，俗话说"不做亏心事，不怕鬼敲门"，深更半夜的时候，我们不妨扪心自问有没有做什么对不起别人的事，有没有昧着良心说瞎话，干没干过损人利己的事。如果没有做任何亏心事，那么又有什么好忧惧的呢？

做人是一辈子的事情，也是我们每个人一生的事业。能坦坦荡荡，自然没有忧惧，这个事业经营得怎样，就看我们平时的表现如何。所以往往一句话，看起来简单异常，但是等到我们真正去实践的时候，又会发现它原来不是自己所认为的那样。就好比君子的"内省不疚"，又有几人能真正说我暗自反省的时候，没觉得有一丝一毫的愧疚呢？生不出愧疚的人是没有的，只是我们还要秉持这样的信念，因为我们的内心需要安稳和宁静，为了这一份最简单的心安，我们还要学会常常内省，不做让自己忧惧的亏心事，这是做人最起码的准则。

儒家讲究，不管周围环境怎样，真正的君子，不应该为外物所困。比如一个公开的舞会，突然来了一位绝色的女子，她打扮入时，风度优雅，款步而来，与全场最帅气的男士跳了一支舞。有的人会衷心赞美，因为他的心里没有自卑，他看见了别人的美丽。而有的人则会挑剔，她怎么穿红色的衣服啊，那鞋子一看就是廉价货，舞跳得一点都不专业，看她那傲慢的眼神真让人讨厌。这样的人不只是心理上处于弱势，也有可能是心智未开。还有的人，看见她抢了全场的风头，甚至会产生一种愤恨，想要把人赶出去。

后两种人就是所谓的小人，他们心里有条脆弱的小防线，他们容不下别人比他们强，认为这世界上很多人要与他们为敌，认为别人占去了他们的风光，觉得总是有人要把他们比下去。于是心生厌烦，把自己那点底子全抖出来了。君子坦荡荡，小人长戚戚。生活是面镜子，人们看见的就是自己心里想的。

保持心境坦荡而不戚然，就要做到孔子所说的"不忧不惧"。

苏轼有词《定风波》曰：

莫听穿林打叶声，何妨吟啸且徐行。
竹杖芒鞋轻胜马，谁怕？一蓑烟雨任平生。
料峭春风吹酒醒，微冷，山头斜照却相迎。
回首向来萧瑟处，归去，也无风雨也无晴。

如果内心光明磊落又怎么能被外物影响呢？人的一生会遇见很多很多事情，但是只要我们本着正义与良知，行事光明磊落，即使是腥风浊雨，又怎能挡住我们的步伐呢？

第 2 章

或进或退，万事皆要寻求"稳"

进退自如，屈伸随意

昔者大王居邠，狄人侵之，去之岐山之下居焉。非择而取之，不得已也。苟为善，后世子孙必有王者矣。君子创业垂统，为可继也。若夫成功，则天也。君如彼何哉？强为善而已矣。

——《孟子·梁惠王下》

【儒学释义】

滕文公面临强大的齐国将在薛地筑城时，心里非常恐慌，向孟子请教。孟子举出了周朝先祖太王的例子，即太王为避狄人的侵犯，体恤百姓，到岐山避难。意在劝谏滕文公面临强敌时，不要与人争强斗胜，而是自己勉励为善，维稳内部，然后自立图强。孟子在这里提出了使国家保存下来的最实用的办法，就是能屈能伸之道。

有一个人在社会上打拼几年总是不得志，有人向他推荐一位退休的大学教授。

他找到这位教授，倾吐了自己的烦恼。教授沉思了一会儿，默然舀起一瓢水，说："这水是什么形状？"这人摇头："水哪有形状呢？"

教授不答，只是把水倒入一只杯子，这人恍然，道："我知道了，水的形状像杯子。"

教授无语，轻轻地拿起花瓶，把水倒入其中，这人又道："哦，难道说这水的形状像花瓶？"

教授摇头，轻轻提起花瓶，把水倒入一个盛满花土的盆中。水很快就渗入土中，消失不见了。这人陷入了沉思。这时，教授俯身抓起一把泥土，叹道："看，水就这么消逝了，这就是人的一生。"

那个人沉思良久，忽然站起来，高兴地说："我知道了，您是想通过水告诉我，社会就像一个个有规则的容器，人应该像水一样，在什么容器之中就像什么形状。而且，人还极可能在一个规则的容器中消失，就像水一样，消失得迅速、突然，而且一切都无法改变。"

这人说完,眼睛急切地盯着教授,渴盼着他的肯定。

"是这样。"教授微笑,接着说:"又不是这样!"说毕,教授出门,这人随他来到屋檐下,教授俯下身,用手在青石板的台阶上摸了一会儿,然后顿住。这人把手指伸向教授手指所触之地,那里有一个深深的凹陷。教授说:"下雨天,雨水就会从屋檐落下。你看,这个凹处就是雨水落下的结果。"

此人于是大悟:"我明白了,人可能被装入规则的容器,但又可以像这小小的雨滴,改变这坚硬的青石板,直到将容器破坏。"教授点头:"对,这里最终会变成一个小水坑。"

人生当如水,无常形、常式,却包容万物,所以,为人处世,参透屈伸之道,自能进退得宜。屈是伸的准备和积蓄,伸是屈的志向和目的。屈是手段,伸是目的。屈是充实自己,伸是展示自己。屈是圆通,是高超的处世技巧;伸能圆满,是美妙的做人心境。屈是柔,伸是刚。在以后的日子里,我们都需要学会伸屈之道。

遥想项羽当年,率兵反秦,称王称霸,真是英雄豪气冲云天,这样一位大英雄在败北之际却选择了自刎,空留一曲《垓下歌》回响千年。如果项羽能够回到江东,也许江东子弟还会跟随他,重谋天下,历史又会发生什么样的变化,走上一条怎样的道路呢?人在该忍耐时当忍耐,万不可因一时意气葬送了自己的一生。

儒家先哲们告诉我们:大丈夫要能屈能伸。但是,能屈难,能伸也不容易。勾践灭吴的故事,众所周知。当他被吴国打败,困于会稽山上时,可以说是遇到了人生道路上的一个最难过的关卡,他选择了蛰伏,卧薪尝胆,十年生聚,十年教训,励精图治,终于一举灭吴!

屈是一种气度,伸是一种魄力。身处逆境当屈则屈,是勇士;当屈不屈,意气行事,是莽夫。处顺境时,该伸则伸,是伟大的人;当伸不伸,一蹶不振,优柔寡断,是无能的人。

做人就要学会能屈能伸,无论是在生活中还是在工作上都是如此。要学会做水一样的人,来适应这个社会。可以和人一起共事,也可以一个人独立做工;经得起别人奉承,也受得住别人的诘难。在不断屈伸中慢慢地成长,完善自己的价值观和人生观。做人若能达到屈伸自如的境地,那世界上便再也没有困难和挫折、厄运和耻辱,它们全都在屈伸的转换中化作奋起的力量,帮助我们去赢取前方更大的成功。

君子求善贾,张弛有度

子贡曰:"有美玉于斯,韫椟而藏诸?求善贾而沽诸?"子曰:"沽之哉!沽之哉!我待贾者也!"

——《论语·子罕》

【儒学释义】

这是《论语·子罕》中孔子与弟子子贡的一段对话。子贡是孔子弟子中很聪明的一位,他见老师空怀着满腹的学问和品德,却不做天下大事,因此疑惑便想试探一下老师内心的想法,但是他没有冒失地直接去问老师,而是以隐喻的方式,说:"有一块美玉在这里,你说我是把它当宝贝藏起来好呢,还是出个高价把它给卖了?"孔子自然一听便明白子贡的意思,所以回答说:"还是卖了吧!我在这里等人来买!"

这是孔子的自嘲语,他感到礼乐崩坏而自己无法力挽狂澜,内心又不允许自己就此归隐,因而有时难免会心生感慨,觉得大道不行,自己无可奈何又无能为力。不过通过孔子的话我们能看出一个人要想让别人接受自己,真的非常困难。一个人就算有再多的才干,也要设法让他人知道,因为只有这样,才能发挥自己的才干,也就是要学会毛遂自荐。但是,自荐也绝不是沽名钓誉,所以孔子说"我待贾者",需要适用智慧和坚守君子道德原则。

有一匹千里马,身材瘦小,却矫健如飞,日行千里。这匹千里马混在众多马匹之中,黯淡无光,没有多少人知道它有与众不同的奔跑能力,因为它看起来实在太瘦弱。马场的马一匹匹被买主买走,这匹千里马始终没有被人相中。但千里马并不难过,在心里甚至耻笑那些庸庸碌碌之辈,对那些买主更是不屑一顾,认为他们目光短浅。与其被他们挑中,宁愿自己永远这样待着。马场的老板对这匹马渐渐地没有了信心和耐心,给的草料数量越来越少,质量越来越糟糕。但千里马仍然信心很足,它相信总有一天，会有伯乐相中自己的。

有一天伯乐真的来了，他在马场转了半天，来到了这匹千里马面前。千里马高兴极了，心想，这下机会来了。伯乐拍了拍马背，要它跑跑看。千里马见对方如此举动，心里很是不快：如果是伯乐，肯定一眼就会相中我，为什么还不相信我，还要我跑给他看呢？这个人一定不是真伯乐！于是千里马拒绝奔跑。伯乐失望地摇摇头，走了。

又过了一段时间，马场的马只剩下千里马了。老板见它可怜，没有将它宰杀，而让它在马场继续生活，慢慢老去。可千里马一直都没想明白，世人为什么要这样对待它。

千里马的一生非常悲惨，"怀才不遇"，终年混迹于平庸之辈中，普通人不能看出它的不凡之处，伯乐也错过了选择它的机会。但是，造成这悲剧的究竟是谁呢？是马场主？是伯乐吗？都不是。千里马应该反省自身，假如它抓住机会，站出来，表现出自己与众不同的优秀品质，在伯乐面前不顾一切地奔跑起来，用速度与激情证明自己的实力，恐怕它早就可以离开马场，到属于自己的广阔领域大展拳脚，有一番作为了。

有句俗话"酒香不怕巷子深"，不知误了多少英雄。要有多么浓郁的芳香才能从深巷里传入人们的鼻端呢，又有多少人能够静下心来寻找这芳香的源头呢？只怕最终也不过是"长在深巷无人识"。

孔子的叹息多半是因为他生不逢时，但今天已经不是"玉在椟中求善价"的时代了，做人要懂得自我推销，同时在这个过程中也要把握尺度，有藏有露，能退能进，不能冒冒失失地张扬自己，当然也不能一味地谦虚退让。

留有退路，后事不愁

人无远虑，必有近忧。

——《金刚经学什么·第三品》

【儒学释义】

这句话的意思是：倘若一个人没有长远的谋划，那么眼前就必定有一些麻烦。孔子通过这句话告诉人们：做事鼠目寸光，不深谋远虑，那一定会受到事情的困扰。这个道理很多人都懂，但是当我们真的做决定的时候，又常常会犯目光短浅的错误。所以有远见的人，做事会懂得为自己想好退路。

这世上有三种人，一种人雷厉风行，行事不思，不给自己留出任何余地；一种人三思而行，谨小慎微，没有十足把握绝不行动，处处留有退路，却不主动寻求出路；第三种人激情与理性并存，谨言慎行又行事果断，积极谋求出路，又不让自己陷入绝境。通常大部分人都会犯前两种人的错误，而能够像第三种人一样生活的，大多可以走进一个广阔的新天地。

我们往往会陷入一个"置之死地而后生"的误区，很多人说，不留退路，才有出路，其实不然。破釜沉舟的勇气固然可嘉，背水一战或许能够充分激发个人潜力，但大多数时候，孤注一掷的人往往都会输得一败涂地。所以做人要居安思危，早早为自己多准备几条退路。

人生无常，不会处处顺风顺水。今天的退路也许就是明天成功的必经之路。凡是有远见的人都不会被眼前的得失蒙蔽，在适当时机，都能为自己留条后路，既是为以后提供一条大展宏图的坦途，更是为自己留一条全身而退的后路。

当得意时，须寻一条退路，才不会"死于安乐"；当失意时，须寻一条出路，才能"生于忧患"。就像攀山，对自己熟悉的路，我们可以在攀爬之余寻找一些别的乐趣，比如往旁边的小径走走，看看周围有没有新的风景。对不熟悉的路，则要随时做好退一步的打算，在每个分岔路口都做个记号，留下归途时的参照。只有那些知道退路的人才能攀上巅峰，又能平安返回。

有人说人命运的好坏，取决于这一生所做出的每一个选择，确实如此。我们在决定一件事的时候肯定要经过自己的思考，而通常匆忙下决定的人将来一定会为他的选择后悔。人生也像一盘棋，深谋远虑的人每走一步都能看到下面几步棋的走势，而有的人只会盯着眼前的这一步。后者就是孔子口中的"人无远虑，必有近忧"，他们站得低望不远，只能将自己的人生之棋下得乱七八糟。

所以说，无论何时，做人都应该为自己留一条退路，如果你孤注一掷地为一件事情押上自己的所有，那么你就有百分之五十的几率失去自己的一切。"狡兔三窟"，做事留有余地，给自己多留几条退路，就不至于落得一败涂地。记得提醒自己事情不能做尽做绝，就如同说话不能说尽说绝一样，否则不是伤人就会被别人伤，当事情做到尽处，力与势全部耗尽，想要改变，也无力回天了。

按部就班，稳中求胜

无欲速，无见小利。欲速，则不达；见小利，则大事不成。

——《论语·子路》

【儒学释义】

这是孔子的学生子夏在鲁国做官，向老师请教如何处理政事时，孔子的回答。这句话的意思是：不要求快，不要贪求小利。求快反而达不到目的，贪求小利就做不成大事。这是孔子告诉子夏为政的原则，就是要有远大的理想。做事不要只讲究快，不要只图眼前小利，如果只图快，结果反而会达不到目的；只图小利，那倾尽毕生也办不成大事。

俗话说，"欲速则不达"，万事不能一蹴而就，所以做人做事要掌握稳中求胜的准则，不可心急。

古时候，宋国有个人，见别人家的庄稼长得很好，总觉得自己家的庄稼长得太慢，很是着急。有一天他忽然想出了一个好办法，于是便将自己地里的禾苗一棵一棵全部拔高了一些。他看着自己家的庄稼一下子比别人家的庄稼高了，感到非常高兴。回到家里他得意地对家人说："今天可把我累坏了，我一个人让地里所有的庄稼都长高了一大截！"他的儿子听完他的话，立刻跑到地里去看，结果发现他们家的禾苗全都枯死了。

历史上，一心求速成，因冲动而坏事的例子比比皆是。

东汉末年的刘备自桃园结义后，与义弟关羽、张飞弟兄三人想借"匡扶汉室"之名，成就一番事业。事业的前期一直跌跌撞撞，未成什么大气候，还经常被别的诸侯逼得东躲西藏。后来得到诸葛亮的辅佐才时来运转,得了荆州,进了四川,经过艰辛的斗争,好不容易在蜀地称王。当时三国鼎立的态势虽已形成,但曹魏强大,吴、蜀两国相对弱小的格局并未打破。蜀地经常被周围少数民族袭扰,国家初立更是百废待兴,百业待举。刘备欲展宏图,本应凭借天时、地利、人和的良机,或在自己的领地里励精图治,稳固基业,或者加强吴蜀联盟,一致抗击曹魏。可是东吴利用关羽骄傲自满的性格,将其击杀,赚取荆州,刘备悔恨交加,决计举倾国之兵,东出伐吴,为他的二弟关羽报仇。

诸葛亮见这种情形,便率领文武百官当面劝谏。刘备不听,后来诸葛亮又专门写成奏章,讲明伐吴的害处,刘备也置之不理。学士秦宓再谏,刘备甚至要砍他的头,诸葛亮等人也只好由他去了。于是刘备亲自率领七十五万大军,出师伐吴。

起兵之时,蜀军一路上浩浩荡荡,气势恢弘,斩将夺关,蜂拥而来。此时东吴的大将周瑜、鲁肃、吕蒙已先后身故,孙权在危急之时,拜儒生陆逊为大都督,统率东吴六郡八十一州兼荆楚各路军马,并郑重地嘱托道:"京城以内的事,我自己主持;京城以外的所有事,由你决策。"

刘备进军之际,打了几个小胜仗,已是喜不自胜,如今又听说东吴任命一介书生为帅,更是不放在眼里,便催促各路人马加速前进,大有"毕其功于一役"的架势。陆逊走马上任后,就宣布了他的决策:"各处关防,牢守隘口,不许轻敌。"众将领一开始就对他这个白面书生统领不大服气,今见他只下令死守不让出战,更是不理解,但碍于军令,勉强服从。

当刘备大军压境,陆逊与吴将韩当并马而望,陆逊指着刘备的军马说道:"刘备兵刚来,又连胜十余阵,锐气正盛……他们现在驰骋于平原旷野之间,正自得志,我们只要坚守不出,对方求战不得。一俟时机成熟,我将用奇计破之。"韩当只是撇撇嘴,没说什么,心想一个乳臭未干的小子,胆怯就是胆怯,还吹什么牛,心里很不以为意。

可时隔不久,陆逊果真瞅准时机,率军动如脱兔,一把火烧了蜀军七百里连营。趁蜀军混乱,陆逊率大军掩杀过来,加之火助风威,风助火势,蜀军全线崩溃。刘备于夜晚趁黑冲出重围,靠沿途驿站焚烧将士丢弃的军车、铠甲等来阻断追兵,才逃回白帝城,所有舟船、军械等军用物资,丧失殆尽,蜀军尸骸漂满江面,顺江而下。直到此时,刘备还说:"我竟然被陆逊所折辱,岂不是天意!"

其实,哪里是什么天意,完全是他一路势如破竹,最后一战"见小利""求速成"

酿成的苦果。

刘备失败的事实，正为孔子所告诫的"欲速则不达"提供了绝好的佐证。

俗话说，磨刀不误砍柴工，只有多花点工夫去把刀磨快，才能砍出更多的柴。许多人学习外语往往缺乏耐心，不愿意去循序渐进地苦练基本功，不去背记单词，也不去理解分析语法，一心只希望获得快速掌握外语的秘诀。于是便有人利用人们的这一投机心理，总结了许多快速掌握外语的所谓秘诀。其实这些秘诀很多只是为了赚钱，并不能有效帮助人们快速掌握外语。

又比如，不管是学生，还是家长，总希望他们的学习能很快进步，成绩能迅速提高，然而这是不现实的。所有的学习都必须循序渐进、逐步提高。尤其是上到高年级发现学习成绩不理想的时候，一定要耐心地把以前学过的低年级的基础知识再重新巩固一遍，才可能真正提高成绩。

现世浮华，当今社会，每个人都渴望快速成功，所以很多人都产生了投机取巧的浮躁心理，最后的结果往往是欲速而不达。所以要想成功就不要太心急，心一急，事情只会越做越糟，事倍功半。

第 3 章

中庸之道,方与圆的处世哲学

画蛇别添足，要恰到好处

中庸其至矣乎，民鲜能久矣。

——《中庸》

【儒学释义】

这是孔子对"中庸"重要性的论述，它的意思是说：中庸是多么伟大的美德啊，但人们已经很少遵循它了。

中庸之道似乎一直作为民族糟粕被骂了将近一百年，直到现在，也有人常常批判中国的中庸文化。究竟什么是中庸呢？许多人把中庸之道和道家的"明哲保身""不敢为天下先"的出世哲学混为一谈，以为儒家的中庸之道就是教人平庸，这其实是一种很大的误解。

在《中庸章句》开篇，宋代大儒朱熹就借程颐之口说："不偏之谓中，不易之谓庸。中者，天下之正道，庸者，天下之定理。"这段话道出了中庸之道的本质，那就是不偏不倚，既不缺少，也不过头。

其实，在《尚书·大禹谟》中就提到过中庸之道："人心惟危，道心惟微，惟精惟一，允执厥中。"这是舜帝对大禹说的话，意思是人心难测，大道深邃，只有一心一意秉行中庸之道，才能治理好国家。中庸之道自华夏先祖始，到现在沉淀了上千年，每个人对它的看法都不同，也并非人人都能接受这一思想。

然而，很少有人能够真正做到不偏不倚，恰到好处。有些人能力不足或态度不认真，做事只求马马虎虎，能交差就好，那就是"不及"，不符合中庸之道。还有一种人，能力太强，或者态度太认真，做事坚持完美主义还不够，还力求要做到十二分好，那就是"过头"，也不是中庸，这样的人不比前一种人少。

《中庸》中就曾说到过这两种人："道之不行也，我知之矣：知者过之，愚者不及也。道之不明也，我知之矣：贤者过之，不肖者不及也。"意思是：为什么中庸之道不能被遵循呢？没有能力、没有德行而做不好事情固然是一方面，但是有能力又有德行的人呢？他们又把事情做得太过头了。

做事情做不到点上，当然是不好的，但做得太过头也是不好的。"画蛇添足"说的就是这个道理。能画出一条栩栩如生的蛇是妙笔，画了蛇还要添上脚，那便是败笔。

楚国有一位贵族，在祭祀过祖宗之后，把一壶祭酒赏给门客们喝。门客们拿着这壶酒，不知道怎样处理。他们觉得，这么多人喝一壶酒，肯定不够喝，如果给一个人喝，那这个人就能喝得痛痛快快了。那到底应该给谁喝比较好呢？于是，门客们商量了片刻之后想出了一个好主意，即每个人都在地上画一条蛇，谁先把蛇画好了，这壶酒就归谁喝。

于是，门客们每个人手中都拿着一根小棍，开始在地上画蛇。有一个人画得十分快，没多久就画好了蛇。于是，他将酒壶拿了过来。但他正要喝酒的时候，瞧见其他人还没有将蛇画完，就非常得意地又拿起小棍，自言自语地说："现在，他们的蛇都还没画完，我何不再给我的蛇添上几只脚？"他一边说着一边给已经画好的蛇画脚。

没想到，他还没给蛇画完脚，旁边的人已经画完蛇了，一把将他手中的酒壶抢了过去。这个给蛇画脚的人不服气了，气冲冲地说道："我最先画完蛇，这酒应该归我喝！"

那个人却笑着说："你到现在还在画，而我已经画完了，这酒自然应该归我！"

画蛇脚的人争辩道："我早就画完蛇了，只不过看时间还早，就想给蛇添几只脚罢了。"

那人说道："蛇原本就是没有脚的，你非要给它添几只脚，那你愿意添就添吧，反正酒已经归我喝了！"

那人毫不客气地拿起酒喝了起来。而那个给蛇画脚的人只能眼巴巴看着原本属于自己的酒被别人喝掉，后悔不已。

能画出一条蛇当然是件好事，画了蛇还要添上脚，那蛇就不是蛇了。有些人总是自以为是，喜欢节外生枝，卖弄自己，结果往往弄巧成拙。

有一次，子贡问孔子："子张和子夏这两个人哪个更贤能一些？"孔子回答说："子张有些过头，子夏还没做到位。"子贡听了，想当然地点点头，说："那么就是子张比较贤能一点了。"孔子说："过犹不及。做过了头跟做不到位是一样的，没有谁好谁坏之分。"

中庸之道归根结底就是两个字——适度，既不能达不到，也不能做过头，因为达不到跟做过头没有本质的区别，都是错误的做法。这既是待人接物的处世哲学，更是中国人传统的人生哲学。

在很多人看来，中国人生活的最高境界应属中庸的生活。林语堂先生在《谁最会享受人生》中，深刻地剖析了中国人的生活模式，提出要摆脱过于烦恼的生活和太重大的责任，运用一种中庸式的、无忧无虑的生活哲学。林语堂先生说："我相信主张无忧无虑和心地坦白的人生哲学，一定要叫我们摆脱过于烦恼的生活和太重大的责任。"但这也不是叫我们完全逃避人类社会，最理想的状态就是不必逃避人类社会和人生，而本性仍能保持原有的快乐。

中庸的生活，就是指一种介于两个极端之间的有条不紊的生活。这种中庸精神，在运动与静止之间找到了一个完全的均衡。有人认为，理想人物应属一半有名，一半无名；懒惰中带用功，在用功中偷懒；穷不至于穷到付不出房租，富也不至于富到完全不用做工，或是可以称心如意地资助朋友；钢琴也会弹，可是不十分在行，只可弹给知己听，而最大的用处还是给自己消遣；古玩也收藏一点，可是只够摆满屋子的壁橱；书也读读，可是不能用功；学识颇广博，可是没必要成为专家。

更有不少人认为，中国人的聪明才智得以淋漓尽致地发挥，是从中庸被我们活用以后的事。"中庸"成了一个有识者必争的"制高点"，抢到了，无往而不胜；丢掉了，处处被动挨打。中庸好比是圆心，从它出发，到圆周的任何点上距离都相等，随时可以变换立场，化敌为友，左右逢源；站在圆周上，左半圆的激进派以它为矛攻击对手，右半圆的保守派以它为盾保护自己，天下最锋利的矛遭遇天下最坚固的盾，一点也不"矛盾"，反倒奏出了悦耳和谐的乐章。

美国著名作家房龙曾提到《论语》中的灵魂思想——中庸。他说："他（孔子）向几亿中国人传授了一种日常生活的哲理，那种哲理一直在过去两千五百年中影响着他们的子孙后代，并且至今如从前一样至关重要，一样可行。"

对于中庸之道的误解由来已久，在误会面前人云亦云，纯粹地抗拒或者毫无原则地接受都是不符合中庸之道的。我们要带着批判的眼光重新体悟儒家先哲们的思想，这样我们就会发现，"执其两端而用其中"的中庸之道是糅合了我国千年历史中处世的最精深的智慧。

哀而不伤，致中和

喜怒哀乐之未发，谓之中。发而皆中节，谓之和。中也者，天下之大本也。和也者，天下之达道也。致中和，天地位焉，万物育焉。

——《中庸》

【儒学释义】

这是《中庸》中关于什么是"中和"的论述。说的是当人的七情六欲还没有表现出来的时候，就叫"中"，把情绪表现出来，符合节度，就叫"和"，能够做到"致中和"，那宇宙万物就能正常运转了。

如果要给中华民族定义一个民族性格，那"含蓄"二字或许比较恰当。比起西方人来，中国人的情绪掌控能力极佳，高兴的时候不会得意忘形，悲伤的时候也很少号啕大哭。中国人少有像西方人那样的狂欢或者呼号，即使是面临像穷困潦倒、山河破碎、贫病交加这样悲惨的境遇，在中国诗人笔下也含蓄成了"万里悲秋常作客，百年多病独登台"式的沉郁顿挫。

这主要是因为受到儒家中庸文化的影响。《诗经》中的第一首诗《关雎》就表现出了这种"致中和"：

关关雎鸠，在河之洲。窈窕淑女，君子好逑。
参差荇菜，左右流之。窈窕淑女，寤寐求之。
求之不得，寤寐思服。悠哉悠哉，辗转反侧。
参差荇菜，左右采之。窈窕淑女，琴瑟友之。
参差荇菜，左右芼之。窈窕淑女，钟鼓乐之。

这首诗讲的是一个贵族青年追求美貌女子的故事，孔子评价它是"乐而不淫，哀而不伤"。什么意思呢？这位青年看上了一个窈窕淑女，于是"求之不得，寤寐思服，悠哉悠哉，辗转反侧"，他感到很伤心，但只是躺在床上翻来覆去睡不着觉。这就叫哀而不伤，虽然内心悲哀，但是不会做出出格的事情。后来小伙子"琴瑟友之"，"钟鼓乐之"，在那里吹拉弹唱逗女孩子开心，也没有做出不雅的举动。

这就是中庸之道中所谓的"致中和"，哀而不伤，乐而不淫。常有人说中国人太含蓄，有感情不敢全部表达出来，活得太累。殊不知，人和动物的区别就在于人能够控制自己的感情。如果不能控制自己的感情，想干什么就干什么，那人和动物又有什么区别呢？

况且，过度的喜怒哀乐极为伤神伤身体。《世说新语》中曾记载王戎因为过度悲伤而形销骨立，阮籍吐血三斗。这是对自己身体的损害，而由于不能控制住情绪危害他人的例子就更多了。

《世说新语》中还记载了这样一个故事。

东晋蓝田侯王述是一个很性急的人，脾气极为暴躁。有一次，王蓝田在自己家里吃鸡蛋，用筷子去扎鸡蛋想挑起来吃。结果鸡蛋圆滚滚、滑溜溜的，一筷子下去居然没有扎中。王蓝田暴跳如雷，把鸡蛋扔到地上，结果鸡蛋在地上旋转不止，仿佛在挑衅一般。王蓝田更加愤怒了，一脚踩上去想把鸡蛋踩扁，结果居然又没踩中！王蓝田简直快要被鸡蛋气疯了，又捡起鸡蛋，放在嘴巴里，把鸡蛋狠狠嚼碎之后恶狠狠地吐出来，这时他才感觉心里舒服了一些。

王羲之听说这件事情之后，摇着头说："就算是王安期，如果脾气这么坏，那也将一无是处，更何况是王蓝田呢！"

一个控制不住情绪的人，很难给人沉稳的印象。在所有的情绪中，又以愤怒最难以节制。北宋大儒程颢曾说："夫人之情，易发而难制者，惟怒为甚。第能于怒时遽忘其怒，而观理之是非，亦可见外诱之不足恶，而于道亦思过半矣。"说的就是人一定要恪守中和之道，控制住自己的情绪。而在所有情绪中，最容易产生并且难以抑制的就是愤怒，如果一个人能够在愤怒的时候控制自己，想明白自己愤怒的缘由，那就算已经学了一半的道。

其实我们细细想想，古往今来，多少灾祸是从愤怒而来？儒家推崇"致中和"，要求人们控制情绪，愤怒是其中最重要的一项。

二十世纪六十年代早期的美国，有一个很有才华、曾经做过大学校长的人竞选美国中西部某州的议会议员。此人资历很高，又精明能干、博学多识，非常有希望赢得选举的胜利。但是，一个谣言散布开来：三年前，在该州首府举行的一次教育大会上，他跟一位年轻女教师"有那么一点暧昧的行为"。这其实并非事实，但这位候选人对此感到非常愤怒，不能控制自己的情绪，每每竭力为自己辩解。

由于按捺不住对这一谣言的怒火，在之后的每次集会中，他都要站起来极力澄清事实，证明自己的清白。

但事情却越描越黑。其实，大部分选民根本没有听过或过多地关注过这件事，但是，现在人们却越来越觉得有那么一回事了。公众们振振有词地反问："如果你真是无辜的，为什么要为自己百般辩解呢？"

如此火上浇油，这位候选人的情绪变得更坏，他气急败坏、声嘶力竭地在各种场合为自己辩解，并愤怒地谴责谣言的传播者。然而，这更使人们对谣言确信不疑，最悲哀的是，连他的太太也开始相信谣言，夫妻之间的信任消失殆尽。

最后，他在选举中败北，从此一蹶不振。

试想，如果他懂得中和之道，能够控制住自己的情绪，事情可能也就不会这样糟糕了。这就是中和之道的价值所在，它不是教我们如何压抑心中的情感，而是告诉我们，情绪要注意控制，尤其是愤怒。

礼让三分,方可化干戈为玉帛

君子无所争,必也射乎!揖让而升,下而饮。其争也君子。

——《论语·八佾》

【儒学释义】

孔子认为,人与人之间的交往,应该懂得相互礼让。这句话的意思是:君子之间没有什么可争的事情。如果相争的话,也必定是射箭比赛吧!但即便是比赛,也是相互作揖致敬,然后登堂。比赛结束后,双方应该走下堂互相敬酒。这样的争夺,才是真正的君子之争啊!所以,遇事礼让三分,就可以化干戈为玉帛。

在参加酒宴的时候,常常会看见这样一种现象:辈分和年龄相差无几的人,在入席的时候总是相互推辞,谁都不会去抢着坐上等席位。这是一个很常见很有趣的现象,却直接反映出了人们礼让的品质。《三字经》里说"融四岁,能让梨",就是说孔融在四岁的时候,就知道让梨给别人吃了,这为后人树立起了礼让的典范。

一个懂得礼让的人,往往能够得到大家的尊重,做事情也会更加顺利。如果细心观察一下,很容易发现,懂得礼让的人,更容易取得成功,因为他们能够让自己始终处于冷静的状态。而那些行为专横、嚣张跋扈的人,不但肤浅、幼稚,做事也难以成功。

生活中经常会发生一些不愉快的、让人看不惯的事情,人与人之间也时常发生一些误会和矛盾。人们轻则心情阴晦,不痛快;重则横眉冷对、恶语相伤;涉及利益纠纷,还会对簿公堂、鱼死网破。这种事往往伤人伤己,破财招灾。当发生摩擦的时候,我们应该多一份礼让和相融;有了误会,要及时进行沟通消除。相互礼让三分,问题就会顺其自然地解决了。

乔布斯刚创建苹果公司的时候,曾经遇到这样一个"敌人",他是一个年仅19岁的计算机天才,名叫尼古拉斯·阿莱格拉,性格不羁,就读于布朗大学。

阿莱格拉是个不折不扣的天才，他9岁就开始自学编程代码，"黑"过好几家知名网站。与别的年轻人一样，阿莱格拉特别喜欢玩游戏，而且玩得很精。有一天，他发现自己无法将苹果手机里的视频游戏保存到电脑上，便开始寻找苹果源代码中的漏洞，并成功开发出破解代码。

阿莱格拉开发的代码可以让苹果手机用户随心所欲地安装软件，但是，俗称"越狱"的行为并不受苹果公司欢迎。

乔布斯感觉十分头疼，一开始他选择反击，觉得一个19岁的孩子，难以成气候。他向一位在美国国家安全局任网络开发分析师的好友求助，经过一段时间的较量，这位曾在2007年首次尝试破解苹果手机但没有任何进展的分析师表示无能为力，因为他和阿莱格拉的差距太大。

后来阿莱格拉将苹果的系统漏洞捅得更大，有近300万名用户同时"越狱"，几乎导致苹果公司的设备全面瘫痪。

乔布斯不得不向这位敌人"投降"，他没有计较这个年轻人给公司造成的损失，他想到了更好的办法对待他。他选择了礼让，不再与阿莱格拉周旋，而是时常与他探讨一些关于软件的问题，有时候还会寄一些礼物。

后来，乔布斯还亲自带着自己的接班人库克找到阿莱格拉，三个人坐下来聊了很久。乔布斯说："我知道，你所做的一切只是因为兴趣，但你更需要一份正式的工作。这样才能够把你的天分发挥到极致。"

随后，乔布斯表示欢迎阿莱格拉到苹果公司上班，他饱含真诚的话打动了阿莱格拉。阿莱格拉接受了乔布斯的邀请，后来成为苹果公司的一员。

正是因为乔布斯的礼让，才赢得了阿莱格拉这样的人才。人们常说，"谦谦君子，温润如玉"，意思是君子应该如玉一般温润沉稳，含蓄坚毅，却可以自显价值和内涵。而玉正是体现了温润的君子之风，由此可见，礼让就是一直被我们中国人视为君子之风的风度。

任何人都会遇到磕磕碰碰的事情，而礼让三分，息事宁人，化干戈为玉帛，不仅有利于事情的顺利进展，也是拥有良好素质的表现。

物极必反,学会适可而止

物极则反,事极则变。

——《易经·复卦》

【儒学释义】

这句话的意思是:事物发展到了极点,就要走向自己的反面。北宋理学家程颐对这个观点进行了详细论述:他认为事物的运动都具有相同的规律,达到极限就开始逆转,因此万物呈现为盛极必衰、动极必静的情况。儒家一直秉承着这个观点。提倡凡事适可而止,不用苦苦追求极致。

有道是"物忌全胜,事忌全美,人忌全盛",东西忌讳完美无瑕,事情忌讳极致周全,人忌讳春风得意。过于追求极致,最后只会导致物极则反。世上本无完美,很多所谓的极致和完美仅仅存在于想象和理论之中。更多的时候,有着缺憾也是一种美,比如断臂的维纳斯雕像。

生活本身就充满各种缺憾和不确定性,人类又具备追逐更加美好生活的本性,所以人生一世,难免会遭遇各种遗憾。比如曾经有一次宝贵的机遇被错失了,而那原本是我们唾手可得的;曾经失去过一段真挚的感情,只是因为当初没有珍惜和重视。这些缺憾无处不在,无时不在发生,当很多东西失去的时候,我们才明白那些已经成为人生永恒的缺憾。

每个人都没有必要对缺憾追悔不已,因为生活本来就是由那些大大小小的缺憾和圆满组成的,缺憾就是亘古存在的人生经历。有了缺憾,人们才能备感现实的珍贵,才更应该鼓起生活的勇气,用全新的心态去面对未来,去把握现在。

一位著名的企业家开记者招待会,其间,有位记者站起来问他:"请问您认为自己成功的秘诀是什么呢?"

这位企业家没有立即回答，只是笑了笑，示意下属搬了块黑板上来，然后拿起笔，在黑板上画了一个圈。但是他并没有把圆圈画满，而是刻意留下一个缺口。

画完之后，企业家反问道："这是什么？"台下的记者不以为意地说："不过是一个没有画全的圆圈啊。"

企业家又笑笑，说道："这是一个圆圈，而我却并没有将其画满。刚才那位记者把我说成是一位成功人士，这实在过奖了；如果说我取得了一点成就，那么其秘诀就是我从来不会把事情做得很圆满，而要留个缺口，让其他人去填满它。"

可以这样说，这位企业家之所以能够取得巨大的成就，最重要的原因就是，他懂得凡事只有适可而止，才能恰到好处。很多取得卓越成就的人，做事的时候会主动留一点缺憾，他们深刻懂得"水满则溢，月盈则亏"的道理。

就好比我们在看待一个人的时候，如果难以在他的身上看到缺陷，那么我们往往不会轻易信任他。因为每个人都有缺陷，表现过于完美只能说明那个人善于隐藏，这样的人怎么能值得信任呢？道理简单，遗憾的是很少有人做到，更多的人是选择追求完美和极致，想要画圆人生，最后留下的缺憾只会更大。

有个穷人，仅仅拥有一点贫瘠的土地，因此他常常吃了上顿没下顿，饿得面黄肌瘦。穷人望着旁边农场主一望无垠的土地，心生抱怨，时常感叹自己的命运不好。

一天，一位天使路过这里，听到了穷人的抱怨，心生怜悯，他决定帮助穷人改变命运。于是他对穷人说："从现在起，你可以选择不停地往前跑，你所跑过去的地方，都会成为肥沃的土地，而且都全部归你所有。"

穷人听完，高兴得手舞足蹈，说道："谢谢您，亲爱的天使，您给了我生命中最美好的一天。"说完，穷人便兴奋地向前方跑去，一刻也不愿意停留，因为他想拥有更多的土地。过了一段时间，他的体力渐渐不支，但是望着一望无垠的肥沃土地，他还是不愿意停下来。后来他筋疲力尽，倒在地上，但是他还是坚持往前爬，渴望着更多的土地。

天使对他摇摇头，知道他完全被自己的贪欲侵吞了。穷人用尽最后一丝力气往前爬动，终于累死在土地上。

穷人的悲剧终究是他自己的贪欲造成的,他不懂得适可而止,所以最后仍然一无所有。"人心不足蛇吞象",这就是世界上最可悲的事情。极致是一种无谓的追求,人们常说"水至清则无鱼,人至察则无徒",就是一种适可而止的做事心态。待人也好,做事也罢,都不要过度地苛求。物极必反,何必去徒增烦恼呢?

中庸，亦是一种变通

　　宰我问曰："仁者，虽告之曰：'井有仁焉。'其从之也？"子曰："何为其然也？君子可逝也，不可陷也；可欺也，不可罔也。"

——《论语·雍也》

【儒学释义】

　　这段话的意思是：孔子的学生宰我问道："老师啊，我碰到一个仁人志士，跟他说：'井里面有仁义在，你跳进去吧！'你说他应该跳吗？"孔子回答："怎么能这样呢！君子可以被摧折，但不可以被无辜陷害；君子可以被欺骗，但是不可被愚弄。"

　　儒家五德是"仁、义、礼、智、信"，应该说儒家思想是非常排斥"愚蠢"的。所以，尽管儒家教导人们要做好人，要为了仁义不惜付出自己的生命，但是，按照中庸之道，凡事都需有度，做好人的度，就是保持自己独立思考的能力，不能被别人愚弄。

　　扶苏是秦始皇的长子。年少时的扶苏机智聪颖，生就一副悲天悯人的慈悲心肠，因此在政见上，经常与暴虐的秦始皇背道而驰。他认为天下未定，百姓未安，反对实行"焚书坑儒"和"重法绳之臣"等政策。秦始皇认为这是扶苏性格软弱所致，于是下旨让扶苏协助大将军蒙恬修筑万里长城，抵御北方的匈奴，希望借此培养出一个刚毅果敢的扶苏。

　　秦始皇三十七年（前210年）冬，秦始皇巡行天下，行至沙丘时不幸病逝。秦始皇临终前，曾写玺书诏令扶苏至咸阳主持丧事并继承帝位。但中车府令赵高和丞相李斯等人与秦始皇的小儿子胡亥阴谋篡改始皇帝的遗诏，拥立胡亥为太子，继承帝位，同时另书赐蒙恬和扶苏死，并"数以罪"。

　　见到诏书后，扶苏以为是父亲的旨意，痛苦地决定自杀。大将蒙恬经验丰富，起了疑心，力劝扶苏不要轻生："请复请，复请而后死，未暮也。"但扶苏为人宽厚仁义，不愿背礼，说："父而赐子死，尚安复请！"即父亲让我死，我不能不死！旋即自杀于上郡军中。

扶苏平白无故地被害死是件极其可悲的事，虽然儒家强调"杀身成仁，舍生取义"，强调"忠君孝悌"，但也不能不加思考，说死就死。就算让他自裁的人真是秦始皇，扶苏也该想一想变通之道。

儒家的中庸思想其实蕴含了方圆之道，凡事都不能太过，违令不遵自然是不忠的，但唯命是从也是愚蠢的行为。心中有度量、有原则，懂得变通，知道什么事情应该做到什么程度，才是真正的中庸之道。

有这么一个故事，很好地诠释了原则与变通之间的关系。

北洋时期有一对父子兵，父子俩长期在各个军阀的队伍里当兵，成了兵油子，经历大战小仗无数，身上却连个伤疤都没有留下，因为这对父子有一个绝招：装死。大炮一响，两人就躺下装死，装得无比逼真，躺着都中枪的概率毕竟不高，所以尽管上头司令大帅换了好几个，他们却一直没死。用老父亲的话说："军阀混战都是狗咬狗，我们去拼命，何必呢？"

后来，抗日战争爆发，父子俩所在的军队经过整编，被拉上了抗日前线。这一仗打得昏天黑地，在日军的炮火面前，父子俩所在的那支部队几乎全军覆没。

战斗结束后，儿子又毫发未损，他又装死成功逃过了一劫，但是当他再去看自己的父亲时，却发现父亲已经倒在血泊当中，原来在这场战斗中，他的父亲没有装死，因为这是一场抗击侵略者的正义之战。

这就是变通的中庸之道。在父亲看来，军阀混战中必须力求自保，把自己的性命献给唯利是图的军阀实在太愚蠢；但是在抗日战争中，人人都有守土抗战的职责，如果再退缩，那就跟卖国无异了。相比之下，儿子的做法则一成不变，自然不算中庸之道。

中庸不是要把人变成一根筋，也不是要把人变成老油子，而是教我们要独立思考，要有节操、有理想，不为无意义的事情随便付出，而在真正的道义面前能够毅然赴死。

第 4 章

生和义不可兼顾时,当舍生而取义

坚守道义，所得利益才永久

先义而后利者荣，先利而后义者辱。

——《荀子·荣辱》

【儒学释义】

这句话的意思是：先顾及道义后追求利益的人是光荣的，而先追逐利益后考虑道义的人是耻辱的。也就是说道义跟利益是不矛盾的，重要的是如何处理两者之间的关系。儒家一般更注重的是"义"，而对"利"则持有谨慎保守的态度。可实际上往往是在坚持道义的同时，得到了长久的利益。

义与利是对立统一的，有一定的界限。利与害也是对立统一的，却经常相互转化。专意求利，却常常得害；唯有专意遵义而行，才能免除祸害。然而明末清初的大思想家王夫之也曾说过："出利入害，人用不生"，意思是人一旦离开物质利益，就要陷入危险境地，不能充分发挥人的作用。因此，君子也不可不食人间烟火，有时也要"喻于利"。在这点上，义乌商人的精神就很值得我们学习。

义乌人虽然注重利益，可更注重的却是道义，这是义乌人多少年来不变的经商理念。

几十年前，一位义乌廿三里的敲糖人到江西赣州农村"鸡毛换糖"。一位老太太本打算以鞋换针，但最终因为舍不得那双半新的胶鞋，临到买卖时突然变卦，决定不做这笔交易。不料，由于走得太急，老太太的胶鞋竟遗忘在了义乌敲糖人的小车上。当时，敲糖人并没有发现自己小车上已经有了一份意外的收获。夜幕降临后，敲糖人回到住地，在盘账时发现了这双胶鞋。

第二天，这位年迈的敲糖人走了十几里山路，再次来到那个村庄，将鞋子交到老太太手上。敲糖人那天的生意可想而知——奔波了一天却几乎一无所得，但他却守住了自己的"义"。后来此事一传十十传百，当地很多人都知道了有这样一位坚守道义的敲糖人，敲糖人此后的生意便越来越好了。

利，不可忽视，但生活必须合乎道义才有真正的价值。通过这则小故事，我们可以看出，在义乌商人的心目中，义比利更重要，因为只有义才能给人带来长久的利。义乌人深谙这一点，所以才出现了那么多杰出的商人。义乌商人一贯秉承的道义就是：先让进货者赚钱，再为自己做打算，可以说是"先人后己"。他们懂得，在生意场上，只有进货的人赚到了钱，他们才会回过头来继续购买你的商品，这样你才能赚到更多的钱，这就是所谓的"利滚利"。保持诚信经营，追逐利益的时候坚持以道义为根本，这样才会把本金越滚越大，生意才能够持久发展。因此，"喻于利"没有错，错的只是争名夺利的手段。

济阳有一个商人在过河的时候，他所乘坐的船沉了。他只能抓住一根大麻秆大声呼救。这时候，有一个渔夫听到他的呼救声赶来。商人急忙大喊道："我是济阳最富的富翁，如果你救了我，我就给你一百两金子。"

可是，等到渔夫将这名商人救上岸后，商人却翻脸不认账了。他只给了渔夫十两金子。渔夫对他的不守信义加以责怪，而商人却理直气壮地说："你只不过是一个打鱼的，一辈子都挣不了几个钱，突然得到十两金子还不知道满足吗？"渔夫只得怏怏而去。

令人没想到的是，后来，这名商人又一次翻船了。商人仍然拼命地呼救，有人听到后想要去救他，而那个曾经救过商人的渔夫却说："别救他，他就是那个说话不算数、出尔反尔的人！"结果这次，商人就被淹死了。

虽然商人先后两次在同一个地方翻船，并且遇到同一个渔夫是偶然的，但商人落得个被淹死的下场似乎又在情理当中。因为一个人如果不守信义，那么别人就不会再信任他。所以，一旦他落入困境，也就没有人再愿意救他了。而信义也是道义的一种，所以说，坚守道义，才可能得到永久的利益；不守道义，你不仅没有占便宜，反而还可能因此丢失重要的东西。

在儒家看来，义与利是密切统一的，义中含利，而利中显义，如果简单地将义与利作为划分君子与小人的标准，实际上是把义与利二者分割开来、对立起来，怂恿人们去追求一种虚幻的道德满足感,这与儒家的精神是相违背的。

所以说,在"义"的前提下,追求自己应得的"利",是正常且正当的。"舍生取义",这是孟子的思想,但是他并没有否认生命的价值,所以说"生亦我所欲也"。而"居仁由义"可说是道德的理想境界,儒家有种种的道德原则和规范,个人追求物质利益之时,不能背信弃义,要受义的制约。

汉代大儒孔安国说:"每事依利而行,取怨之道。"宋代学者程颐说:"欲利于己,必害于人,故多怨。"在人生的大道上,总会遇到许多需要在义与利之间做出抉择的情况,但我们要知道,在生命的旅程中,若能摒弃一己私利,以道义为重,有时会得到意想不到的巨大收获。

处境艰难不移志，忠贞方显节操

忠诚盛于内，贲于外，形于四海。

——《荀子·尧问》

❤【儒学释义】

这句话的意思是：内心的忠诚如果炽盛，就会表现在外，遍布于四海之内。儒家十分注重忠诚这一品质，一再强调对人要真心诚意，对事要尽心尽力。忠诚被儒家认为是人之为人的最基本要求，每个人都应该具有忠诚之心，上至达官贵人，下至黎民百姓，概莫如此！

忠诚是被世人称赞千年的优良品质，无论什么原因，一个人失去了忠诚，就失去了人们对他最根本的信任。在儒家思想当中，唯利是图是要被鄙夷的，如果一个人因为贪图利益而选择背叛，那么就会失去所有的信任和尊重，人们羞于与其为伍，把他永久地钉在耻辱柱上。

三国时期的吕布，本来是最为勇猛的武将，但因其多次易主，后人对他的评价很低。在后人的心中，他的品格还不如他胯下的赤兔马，因为赤兔马为了主人绝食而死，不愿再为他人所驱使。赤兔马最后的主人关羽，武功虽然远不如吕布，但他对刘备忠贞不贰，被后人尊为忠义武神，崇为"武圣"，其地位甚至还要在他的兄长刘备之上。

在战场上，将士把投降当作最可耻的事情，是难以接受的不忠不义的行为，所以他们宁愿选择战死沙场，也绝不向敌人投降。有道是"人生自古谁无死，马革裹尸是英雄"，对于他们来说，血染疆场、马革裹尸是人生最为光荣和自豪的事情。这种思想不但对驰骋沙场的武将影响至深，对文臣亦是如此。

公元前100年，匈奴新单于登基，汉武帝为了示好，派遣苏武出使匈奴，还带了很多金银珠宝。但就在苏武出使期间，匈奴发生了政变，苏武等人也受到牵连，被匈奴扣留。

新登基的单于不想跟汉朝修好，因此他逼迫苏武背叛汉朝，臣服于自己，然后还派使臣以丰厚的俸禄和高官职位进行劝诱。苏武为人正直，他忠诚于汉室，因此果断拒绝了匈奴的使臣。匈奴单于见劝说无效，于是开始对他使用酷刑。

当时正值寒冬，积雪厚厚一层。单于就派人把苏武关进了一个露天的大地穴里，断绝供给一切食物和水，以此逼苏武投降。但是苏武对汉朝的忠诚却不可动摇，他渴了就吃白雪，饿了就嚼身上的羊皮袄，冷了就缩在地穴的避风处，咬紧牙一天天坚持了下来。

单于见这种办法对苏武不起作用，于是就把他流放到贝加尔湖一带，还给了他一个特殊的任务，就是放羊！单于狡猾地答应苏武，等这些羊生了羊羔，就放他回中原。但是苏武清楚地知道，这些羊都是公羊。

贝加尔湖畔人烟稀少，苏武承受着饥饿、寒冷和无限的凄苦，他每天都拿着一根使节棍放羊，从不放手。年复一年，苏武的须发渐渐变白，身体慢慢衰老，但是却坚持要回到大汉，对大汉江山的忠诚没有消减分毫。

苏武牧羊的故事流传至今，总让国人赞叹不已。这是因为，在苏武的身上，体现出了中国人对忠诚与信念的恪守。

苏武历尽磨难却不堕其志，百世流香，受到后人的无限敬仰与膜拜。所以做人做事都要有一定的原则，不能因为一些私利就改变志向，这样才能够无愧于自己的人生。

有这样一句诗，"胡马依北风，越鸟巢南枝"，表达的是一种对故乡沉沉的思念之情，同样也可以解读为一种恪守、一种忠诚。在中国，几乎每个人都有的"落叶归根"之情也是一种忠诚的体现，对自己故土的忠诚和眷恋，也是人们骨子里对于忠诚的坚守。

张博和吴强是同事，两人同一年进了QW外贸公司。两人都是学管理的，专业素质上相差无几，但是性格却迥然不同。张博头脑灵活，对上司极尽阿谀奉承；吴强性格内向，不善与人交往，但为人老实忠诚。

没过多久，张博就凭借着自己出色的人际交往能力和业务水平，得到了领导们的认可，晋升为主管。晋升后的张博更是活动频繁，常常做一些小事来表示对公司和领导的忠诚。他会选择在领导在的时候加班，然后帮助领导管理公司的财务，或者从小道打探竞争对手公司的商业机密等等。这些表现得到了领导的一致赞赏和表扬。

吴强则还是待在原来的岗位上，脚踏实地地工作，对其他事情漠不关心。所以，一直以来，领导都没有注意到他。

　　后来，张博为了晋升更高的职位，竟然跳槽到了竞争对手的公司上班，而且带走了很多QW公司的商业机密。张博的辞职引起了很大的轰动，接下来他还挖走了一大批元老和员工。QW公司处于危机状态，员工越走越多，有点良知的员工尽管没有辞职，但是心思也不在工作上了。但是有一个人却坚持天天按时上班，且坚持认真完成任务，同时还上交了一份改革方案，领导看后喜上眉梢。这个人就是吴强，他不但想出了帮助公司解决危机的办法，还说服了很多同事，让他们重新找回工作的动力。

　　经过大家一段时间的努力奋斗，QW公司的状况得到了很大的改善，迅速回到正轨，以惊人的速度发展壮大。领导没想到，平时没怎么关注过的吴强，竟然是对公司最为忠诚的员工。领导要分一些股份给吴强，被他拒绝了。因为这是他做人的原则，无论在任何公司，他都会以忠诚的心态对待。领导只好提升吴强为公司的高管，吴强本人也受到行业里很多人的称赞。

　　后来，公司日益强大，连续兼并了几家小公司。在其中一家公司，他们发现了张博。原来由于他对就职公司的不忠诚，连续被好几家大公司辞退，只好跑到小公司做基层。

　　故事中的吴强，正是因为具备忠诚的品德，最终成就了自己。在当今社会，这种忠诚消失得越来越严重，很多人经不起物欲的诱惑，会选择背叛信仰，背叛单位，背叛朋友，甚至背叛家人。这样的人下场往往是悲惨的，即便是获得了自己想要的地位和钱财，也会被内心折磨，难以快乐和幸福。所以，愈是物欲横流，愈是需要忠诚之心。

　　忠诚是一种品质，这种品质蕴含着正直、诚实、信义还有高贵。拥有这种品质的人即使没有更多的财富和更大的权势，也拥有无数人的敬仰和内心的幸福。

正确选择,无论何时不可失大节

君子喻于义,小人喻于利。

——《论语·里仁》

【儒学释义】

这句话的意思是:君子能够领悟的价值观是道义,小人领悟的则是利益。这句话中的"利",是指金钱、财富等物质利益;其中的"义",是指道义、正义等超越物质利益的道德价值。君子和小人的最大区别就是价值取向不同,君子遇事必然会辨别是非,会考虑到道德仁义,小人遇事必然会计较利害关系,考虑的是有没有利益可图。

一位真正的君子,一定具备高尚的精神追求。他们的乐趣不在于物质和财富,而在于心灵的充实和满足。小人的境界往往比较低,他们会时刻计较着私利,用物质来衡量所做的事情,如果无利可图就会很快背叛道义。孔子提出"君子喻于义,小人喻于利"这个道理,对于今天的我们,仍有巨大的警醒作用。

孔子一生都在追求真理,带领学生周游列国弘道。一次,来到陈国的时候,他们所有的食物都吃完了。孔子说:"君子固穷,小人穷斯滥矣。"意思是,君子即使陷入困厄的境地,也要坚持自己的志向,不可肆意妄为。

他的学生子路说:"像我们这样在乱世中弘道,是很困难的!"孔子则说:"既然决定要弘道,就要做到在内心永远坚持道义,任何情况都不能动摇,就像松柏一样,无论是严寒还是酷暑,都能保持常青不凋。"

如果我们能够时刻铭记孔子的这番教诲,那么这一生一定是有意义和价值的。信念的坚持与物质没有任何关系,是源自内心的一种执着。孔子认为君子的修养应该以"道义"为标准,符合"道义",可以贵亦可以富;如果违背了"道义",那是坚决不行的。

钱学森之所以受世人敬仰，不仅仅因为他是位杰出的科学家，更重要的是他具有高风亮节，牢记民族大义，而不注重个人私利。在面对振兴祖国和国外优厚待遇的抉择中，他毅然放弃了国外的优厚待遇，坚持回到自己的祖国，把一生所学贡献给自己的国家，因为这是他毕生的理想。

　　听到新中国成立的消息之后，钱学森激动不已，计划回国，为新中国的建设贡献力量。但是这遭到了美国方面的阻挠，他们希望钱学森留在美国，因为他们知道钱学森身上存在多么大的价值：一个钱学森抵得上五个海军陆战师！美国方面承诺，只要钱学森愿意留下来，就会满足他的一切需求。但是钱学森并没有被诱惑，坚持回到了自己的国家。

　　孔子一生提倡道义，这一点，钱学森很好地做到了。他为了民族大义，毅然舍弃了唾手可得的荣华富贵和更加高端的研究环境，怀着一颗爱国之心，回到萧条落后的祖国，投身到祖国的建设当中。当他面对选择时，无论是丰厚的物质诱惑还是残酷的政治压制，他都坚持自己的志向，不曾有过丝毫的改变。

　　只有通晓大义、视名利如粪土的人，在面对选择的时候，才能够做到临大节而不可夺，才会甘愿做出舍弃和牺牲。这样的人，才能够有所成就，得到更多人的尊敬。

可救急不可救穷，违背原则不可行

君子之于天下也，无适也，无莫也，义之与比。

——《论语·里仁》

【儒学释义】

这句话的意思是：君子对于天下的一切事情，没有规定怎样处理可以，也没有规定怎样处理不可以，唯一的行事标准就是道义。道义固然是做事的根本，但是在坚持道义的同时，也要有一定的原则。因为很多事情是难以用道义去衡量的，唯一的标准就是原则。

在现实生活中，由于一种责无旁贷的道义使然，在朋友有困难时出手援助是义不容辞的事情。但是，不论在什么样的情况下，帮助他人都要有度，要有一定的原则性，不能觉得是义举，就盲目地进行帮助。正所谓救急不救穷，这就是做事的一个标准。

"救急"，就是指在他人遭遇紧急困难时给予救助，让他人摆脱眼前的急难，这就是一种道义的体现。比如朋友一时手紧，需要临时用钱，这时候你帮人一把，就是"救急"。"不救穷"中的这个"穷"，不是指贫穷，而是指对方不知长进，自甘堕落。你拉他一把，他就起来；你一松手，他又瘫下，犹如扶不起来的"阿斗"。如果你要想一直实施物质救助，那么你面临的将是永无止境的付出，不仅无法让他摆脱困境，还会让自己陷入困境。

其实，这样的救助并非是真正的救助，因为这样的人需要的不是他人的救助，而是一种自救意识。他们不懂得自己要上进、努力，从根本上摆脱困境。对于这样的人，我们要帮他，就要让他明白自救的重要意义。而"不救穷"正是让这样不幸的人明白，除了他自己，没有人能帮得了他。在做事时，如果我们忽略了这一点，往往就容易好心办坏事，给自己和他人都带来极大的负面影响。

夏宇在某市生活了几年，有着一份较为稳定的工作，尽管算不上富裕，但也过着比较安逸的生活。一年，夏宇的一个叫方言的朋友来到了该市。巧合的是，他们在买早点的时候遇上了。虽然时隔许久没见，但在异地相遇却有一份意外的亲切。一番畅聊之后，夏宇和方言互相留下联系方式，各自上班去了。

一天，方言给夏宇打电话，听完了方言的一通发泄之后，夏宇才明白，原来方言和公司闹了点矛盾，至于谁对谁错说不清，结果却是肯定的，方言辞职了。方言刚来该市不久，上班的时间也短，身上又没什么积蓄，这一辞职很快荷包就见底了。他给夏宇打电话，一方面是诉苦，另一方面就是借钱。

夏宇觉得方言是自己的朋友，出于朋友间的仗义，他爽快地答应了方言，借给他两千元。见面之后，他还请方言喝酒，为他解闷。酒过三巡之后，夏宇问方言有什么打算，方言好像很消沉。原来，他正是在原先的公司做不下去才到该市来碰碰运气，没想到来到该市以后也没能碰到好运。夏宇酒量差，基本上也没听清，只是不断地安慰方言。

不久之后，方言再一次打电话给夏宇，向他借钱。这一次，夏宇也有些为难，不过他觉得朋友有难，就应该出手帮助，于是还是把钱借给了方言。令他没想到的是，方言一直没找到工作。到后来，他几乎放弃了找工作，而把夏宇当成了他的"衣食父母"。三番五次之后，这事给生性敦厚的夏宇造成了极大的困扰。

刚开始时，夏宇还尽量敷衍着方言。后来，他实在受不了了，当方言又来找他时，他直接拒绝了方言，言辞间还有些激烈。方言虽然人颓废，但脾气不小，竟和夏宇胡搅蛮缠起来，两人还差点动起手来。自此，两人的关系正式决裂。方言没再联系过夏宇，他借夏宇的钱也不还了，同时他还在外面四处散布谣言，说夏宇的是非。

夏宇非常痛苦，他甚至想过要揍方言一顿，但他连方言在哪儿都不知道。

一个人以物质"救穷"，其根本的危害就在于让获取救助者产生依赖心理，这会纵容他的堕落，让他越陷越深。在施救者无法承受时，想要及时抽身，对方便会惊慌失措、无法面对，彼此间便会出现冲突。故事中，夏宇之所以会和方言闹得不欢而散、两败俱伤，其中最关键的地方在于夏宇一次又一次的救助，让方言产生了依赖。

讲究道义可以，但是不能失去原则。就好比助人这件事情，如果一个人自甘堕落，连自己的责任都想逃避，便不值得同情。如果我们遇到这样的人，就应该明白"授人以鱼不如授人以渔"的道理。否则，任何救助都只是害人害己罢了。

第 5 章

欲成大事,需先谋定后动

静待时机，才可能无往不利

虽有智慧，不如乘势；虽有镃基，不如待时。

——《孟子·公孙丑》

【儒学释义】

"镃基"是古时的农具，一种大锄头；"乘"和"待"都是依靠、凭借的意思。这句话是说，与其有智慧，不如借助时势；正如在农业生产中，与其有农具，不如不误农时。其主旨是强调抓住时机的重要性。孟子告诉我们，当时机还不够成熟的时候，要懂得等待，而不应急躁、冒进。只有善于等待，才能把握好时机，进而无往不利。

古人云："欲速则不达。"往往越是急于成功，最终越难有胜算。想要无往不利，就必须懂得等待，等待最佳时机。当冲锋受挫时，不妨停下来，养精蓄锐也好，韬光养晦也罢，静下心来，静待时机的到来。"苦心人，天不负，卧薪尝胆，三千越甲可吞吴。"这是善于等待的胜利，也是善于等待的哲学，而越王勾践深谙此中意味。

春秋末期，越王勾践曾被吴王夫差打得大败，被迫投降，并带着妻子和大夫范蠡到吴国伺候吴王。

越王勾践夫妇在吴国的处境极为凶险艰难，为免遭杀身之祸，他们对夫差恭恭敬敬，不敢有丝毫忤逆。相传勾践在吴三年，为吴王夫差驾车养马，打扫宫室，形同一个奴仆。他住在潮湿的囚室里，受尽了屈辱，再没有了昔日的尊贵。但是，他虽然身处于逆境之中，却始终都没有自甘堕落，而是在等待翻身的时机。他有着长远的眼光，知道一切苦难都会过去，他发誓自己失去的东西，一定要拿回来。只是时机尚未成熟，他需要等待。

三年后，勾践费尽心机终于赢得了夫差的信任，得到赦免，回到了自己的国家。勾践知道，自己翻身的时机来了。回国后，他发愤图强，因怕自己贪图舒适的生活,便每天晚上都睡在稻草堆上。他还特意在房梁上悬挂了一只苦胆,每天早上起来后就尝一尝,从而铭记他在吴国曾受到的屈辱。

勾践雷厉风行地落实了一系列措施,命文种管理国家政事,令范蠡管理军事。

为恢复民力,勾践下令十年不收租税,让百姓"居有二年之食"。经过十年的艰苦奋斗,越国终于兵精粮足,转弱为强。与此同时,勾践极力向吴国示弱、讨好,经常送些玉帛珍玩给吴国君臣,还向吴王献上西施、郑旦两位美女,夫差由此耽于美色,荒于政事。

越国却经过多年的准备,国力变得十分强盛。雪耻的机会到来,勾践向吴国发起了攻击。最后,越国打败吴国,勾践终于一雪前耻。

越王勾践之所以能够"破吴归",就是因为他能够审时度势,在时机不成熟的时候善于等待。他一直在磨剑,等把剑磨锋利以后,才亮出来,然后一举获得胜利。

国际大导演李安,在1978年艺专毕业后,申请到美国攻读戏剧导演专业。1983年,他顺利拿到硕士文凭,并花费一年的时间来制作自己的毕业作品。当他的毕业作品展示出来之后,除得到了当年的最佳作品奖之外,同时也吸引了一些经纪公司的眼球。

经过慎重考虑,李安选择了其中的一家经纪公司签约。该公司表示,他们要把李安推荐到好莱坞。

此时的李安意气风发,是众人眼中的天之骄子。然而,李安之后的发展却并不顺利。不断遭受的冷落,让李安坐到了一块"冷板凳"上。而且,他在这块"冷板凳"上一等就是六年,平静地等待了六年。

在这六年当中,不少人已经忘了李安的存在。然而,李安并没有因此放弃。他在家中不断研究剧本的创作,等待机会。

终于,在六年之后,李安推出了自己的第一部电影《推手》。

《推手》这部电影推出之后,李安立即受到业界的广泛关注。此后,他又推出了电影《卧虎藏龙》。这部电影更让李安享誉国际,成为全球知名的大导演。

回忆起那六年蛰伏的时间,李安感叹道:"六年不是一个很短的时间,如果不懂得等待,梦想或许早就消失了。"

既然等待避无可避,不如利用这个机会"潜心修炼",让自己变得更强。很多时候，我们所欠缺的其实只是一个时机。当一个恰当的时机出现在我们面前时，我们便能一击即中，咸鱼翻身。

在时机不到的时候，要懂得等待、隐忍，这是一个人奠定成功之路的良好基础。诚如孟子所言："虽有镃基，不如待时。"

水到才能渠成，做事要循序渐进

河冰结合，非一日之寒；积土成山，非斯须之作。

——《论衡·状留》

【儒学释义】

这句话是东汉时期著名的哲学家王充提出的，意思是：河水结成冰，不是一天骤然寒冷的结果；用泥土堆积成高山，也不是短时间能办到的。这说明，天下任何事物的产生，都必然要经过酝酿、发展的过程，绝不是突然之间就可以形成的。这两句话后来演变为："冰冻三尺，非一日之寒；为山九仞，岂一日之功。"

事物发展都必须遵循一定的客观规律，需要循序渐进，不可能一蹴而就。很多事情都是需要日积月累的，急于求成只能徒劳无功，与成功相悖而行。古人云："不积跬步无以至千里，不积小流无以成江海。"就是说做事要有一颗平实的心，脚踏实地，勤勤恳恳，不要把自己的梦想和追求冠上名利，这样才能够事业有成。

有些人做事总是急于求成，恨不能一日千里，这样却往往事与愿违。有一些急躁性格的人，对某件事情，只要是兴之所至，马上动手去干，往往既无认真准备，又无周密计划。有时某项工作才开了个头，就急于见成效，这样怎么能行呢？当工作遇到困难时，他们更是急得如热锅上的蚂蚁，恨不得来个"快刀斩乱麻"，一下子就把问题全解决。殊不知，放慢脚步，才能走得更远。

小清马上就要大学毕业了，在即将步入社会的最后时刻，她总觉得自己还应该做很多事，在与学长、学姐们聊过后，她决定先报一个英语班，专攻一下商务英语。可刚上了两节课，小清就觉得现在学英语的人那么多，光学一门英语已经不算是优势了，应该再学一门小语种。于是，她又给自己报了一门日语课。

平时要正常上班，到了周末还要同时上英语和日语两个班，这对小清而言已经非常吃力了。而且公司距离小清的家还很远，只能每天起早贪黑挤公交，非常辛苦。所以，她决定马上学车，以后开车上下班。

就这样，英语还没学完，小清又报了日语班，日语也还没学两天，她就又报名去学车。结果，小清的时间根本调配不过来，最终哪一样都没学好。

做事要懂得循序渐进，蝴蝶必得在蛹中经历一番痛苦的挣扎，直到它的双翅强壮了，才会破蛹而出。可见万事万物的成长都需要一个过程。如果把这个成长的过程缩短，那么不仅不利于成长，反而还会产生相反的效果。

有这样一个小孩，他非常喜爱小动物，比如鱼、虾以及各种小昆虫等等。他常常观察它们，甚至已经达到了痴迷的地步。不过在所有的动物中，他最喜欢的还要属蝴蝶，他一直都很想知道蛹是怎样破茧成蝶的。

这一次，他又在草丛里发现了一只蛹，便将它捡了起来，带回了家。接下来的几天，他一直都在细细观察这只蛹，因为他不想错过它破茧成蝶的那一幕。他等了好几天，终于看见蛹的身上出现了一条裂缝。这个孩子欢喜得不得了，他看见里面的蝴蝶已经开始挣扎，正努力撑破蛹壳飞出来。

不料，几十分钟过去了，那只蝴蝶还在蛹壳里挣扎着，依然没能飞出来。小孩这时已经有点心急了，尤其是看到那只蝴蝶挣扎得那么痛苦。小孩想帮助蝴蝶早一点飞出蛹壳，但是要怎么做呢？他找来一把剪刀，然后沿着裂口将蛹壳缓缓剪开。在小孩的帮助下，蝴蝶终于从蛹壳里出来了。

小孩应该感到后悔，因为他不该自作聪明地去剪蛹壳。只见那只新生的蝴蝶微微扇动着翅膀，却怎么也飞不起来。它的翅膀太稚嫩了，不足以带着身躯在空中飞翔。不久后，这只蝴蝶便在挣扎中痛苦地死去了。

从表面上来看，小孩是帮助了蝴蝶，如果没有他的帮助，蝴蝶恐怕还要过一段时间才能脱离自己的蛹壳。但是，蝴蝶需要一个挣扎着摆脱蛹壳的过程，这个过程可以帮助它得到一双有力的翅膀，而少了这样一个过程，它的翅膀不够坚硬有力不说，其身体也是极为柔弱、稚嫩的，所以没过多久便死去了。

只有保持一颗顺其自然的心，处理事情不急不躁，循序渐进，才能水到渠成，达成自己的目标。实际上，我们往往就像那只蝴蝶一样，需要一个痛苦挣扎、缓慢蜕变的过程，因为在这个过程中，我们将获得无法想象的强大力量，能够托起身体，让我们能够自由翱翔。

在生活节奏飞快的今天，人们常把"时间就是金钱"这句话挂在嘴边，一切讲求快速；放眼望去，吃的是"速食面"，读的是"速成班"，走的是"捷径"，渴望的是"一夜暴富"，以至于追逐功利、普遍短视的社会问题很突出，这难道不是很可悲吗？要知道，鸡肉要用小火慢慢炖才会好吃，任何工匠，讲究的都是慢工出细活。

处变不惊,以长远眼光看问题

君子有终身之忧,无一朝之患也。

——《孟子·离娄下》

❤【儒学释义】

这句话的意思是:君子有终身的忧虑,无一时的担心。我们应该避免目光短浅,避免对一时一事的得失的忧患。

人们在做事情的时候,可以分为三类:有些人做事雷厉风行、风风火火,不善于思考,不懂得为自己留有余地;有些人谨言慎行、谨小慎微,在行动之前需要有百分之百的把握,否则绝不随意行动;还有一些人既小心谨慎,又行事果断,积极地谋求出路,很少让自己陷入绝境。

各类人的做事风格各不相同,因此结果也相差甚远。第一类人除了偶然机会,往往难以成功,而且容易让自己陷入困境;第二类人做事成功的几率很大,但是容易错失很多好的机遇;毫无疑问,第三类人的做事风格是可取的,那是激情与理性的并存,更容易为自己开创一番新天地。而曾国藩就属于第三类做事风格的人。

曾国藩是晚清重臣,他跟清政府的关系一直很微妙,尤其在他率领湘军镇压太平天国起义军的时候。当时,清政府的态度十分复杂:不重用此人,太平军声势浩大,无人能与之一战;而要重用此人的话,他手握重兵,湘军都是他的子弟兵,恐日后对朝廷造成威胁。这让清政府左右为难,对曾国藩的任用常常是"用你办事,却不给高位实权"。

这种情况,让曾国藩也十分苦恼,他志向远大,希望受到清政府的重用。因此,这时候他需要朝廷中的重臣为自己撑腰说话,用来消除清廷的疑虑。正在这个时候,他忽然接到了肃顺的一封密函,是胡林翼转来的。肃顺在清廷之中精明能干,是权重位高的"顾命八大臣"之一,此时正值他独揽大权的时期。

曾国藩急忙打开信函,十分惊喜地得知,肃顺在西太后慈禧面前举荐自己出任两江总督。这让曾国藩大喜过望,想不到肃顺这样官高权大的重臣竟然如此厚待自己。假如有肃顺在朝廷上为自己说话,那么大展宏图之日就为期不远了。曾国藩急忙提笔写信,想要表达自己对肃顺的感激之情。但是没写几句,就停笔了。因为他想到了肃顺的为人,他刚愎自用,一向不把他人放在眼里。这种人推荐自己,无非是想巩固自己的权势和地位。

而此时,曾国藩又想到了西太后,这个女人当下是没什么动静,十分沉得住气,但她绝对是个非常有野心的女人,心志极高且又具强烈的掌权欲,日后必定有所作为。曾国藩相信自己的判断,宁可暂时不被重用,也绝不冒险,他觉得肃顺把持朝政的日子不会太长。

思前想后一番,曾国藩把笔搁在了旁边,刚写了几句话的纸也随手丢掉了,然后在很多事情上开始向西太后那边靠拢。果不其然,不久之后,西太后发动政变,将肃顺等人抄家问斩。同时,在肃顺的府内还查抄出了很多信件,都是一些官员的讨好信或感谢信,当然这些官员以后是不可能得到西太后的重用了。但这其中,唯独没有曾国藩的信函,这为他日后得到重用起到了重要作用。

做事不但不能鲁莽冲动,更不能鼠目寸光,一定要深谋远虑,为日后的事情做好打算。曾国藩做事就考虑得非常透彻,他看得十分长远,没有给肃顺回信,从而避免了日后的祸患。我们在处理问题时万不可目光短浅,一定要做长远打算。

当然,有些人认为"不留后路,才有出路",这种观点是十分偏颇的。有时候,破釜沉舟、背水一战的确能取得成功,但是更多的时候,孤注一掷往往反倒输得一败涂地,并且难以东山再起。

因此,做事的时候,一定要处变不惊,以长远的眼光看问题,经过认真思考再做决定,因为匆忙做下决定,日后往往会为当时的选择而后悔。所以,孔子的那句"人无远虑,必有近忧",正是体现了儒家做事的大智慧,以长远的目光看待问题,必然会越来越顺利。

无论处境如何，心中都要存有危机意识

忧劳可以兴国，逸豫可以亡身。

——《新五代史·伶官传序》

【儒学释义】

这句话出自北宋时期杰出的政治家、文学家欧阳修。意思是：忧虑劳苦，才可以振兴国家；图享安逸，必定祸害终身。在欧阳修看来，若只图享乐，不思进取，必定会使自己一败涂地，甚至遗臭万年。

"战士军前半死生，美人帐下犹歌舞"，对于南唐李后主的亡国史，大家并不陌生，那不正是因为他沉溺曲词，荒废政事，才酿成亡国惨剧吗？尽管当时大臣已经反复提醒他政治并不安稳，但他依旧夜夜笙歌，终日沉溺于美酒佳人中，忘情于吟诗作赋，最终落得个国破家亡的下场，做了个"违命侯"。

"居安思危，思则有备，有备无患"，是一种超前的忧患意识。居安思危者，则昌则盛；反之，则衰则亡。"祸兮福之所倚，福兮祸之所伏"，危机之于生存，就好比福祸两个矛盾双方，同时存在，相互影响，甚至在一定条件下相互转化。

有位科学家曾经做过这样一个实验：把一锅水煮沸之后，向里面放进一只青蛙。这只青蛙接触到热水，立刻跳出去了，因为如果不及时逃命，就会被立刻烫死。它感受到了来自热水的威胁，所以能够及时逃得性命。

几天后，科学家又把那只青蛙抓过来，放在同样的锅里，不同的是，这次锅里的水是凉的。这次青蛙没有立刻跳出，而是自在地在锅里游来游去。这时候，科学家开始点火烧水。在锅底下，他们偷偷挑动着木炭，使锅里的水慢慢变热。而锅里的青蛙浑然不觉，依然安逸地待在锅里，对将要到来的危险丝毫不觉。

最后，当它察觉到水温带来的威胁时，才想起要逃生，但是，这时候已经太晚了，热水使它肌肉收缩，全身瘫痪，最终青蛙葬身在铁锅里面。

"温水煮青蛙"的故事很多人都知道。在危险骤然到来时，青蛙奋力一跃，得以逃生；但是当危险悄悄到来，青蛙则浑然不觉。它感受着水里的温暖，从来不去想继续待在里面是否有危险，最终命丧锅内。这个故事告诉我们，只有懂得居安思危、处治思乱，才可以保全自己，而不至于招致灾祸。

无论是在现实中，还是在历史上，有很多人就像温水里的青蛙一样，不懂得居安思危，在相对安逸的环境中，跌入了万劫不复的深渊。

太平天国运动是中国历史上声势最为浩大的一次农民起义。起义军盛极一时，对清王朝的统治构成了极大的威胁。但是，这一次起义还是失败了，这是什么原因呢？从内部原因来看，起义军的将领们被节节胜利的良好局势冲昏了头脑，生活日渐腐化，丧失了斗志，最终导致起义失败。

在定都天京后，太平起义的将领们有了据点终于松了一口气，开始争权夺利，贪图享乐。各王大兴土木，极尽奢华之能事。东王杨秀清因掌握了大部分军政实权，更是骄傲专横，"威风张扬，不知自忌"。洪秀全命韦昌辉率部包围了东王府，残忍杀害了杨秀清及其眷属。接着天京城内混战爆发，许多优秀将领和战士在混乱中被杀。之后不久，洪秀全见韦昌辉独揽军政大权，于是又派人把他杀死。

统治者日益腐败，与劳苦大众日渐脱离；将领们之间的关系逐渐疏远乃至兵戈相向，原先"寝食必俱，情同骨肉"的情谊变为"彼此睽隔，猜忌日生"。结果，起义军的战斗力被大大消耗，在面对清军疯狂反扑的时候，节节败退。后来，尽管太平军幡然醒悟，手忙脚乱地组织抗敌，但是失败的命运已经是无法扭转了。

我们不难得出结论，起义军将领们不懂得居安思危，是导致起义失败的一个很重要原因。由此证明，在和谐安定的环境中，如果沉溺于安乐，没有危机意识，必定意志消沉，懒惰放逸。当危险来临的时候，就会措手不及，难以应对，最终很有可能落得一个可悲的下场。

古人云："富贵福泽，其翳之者也；困苦艰难，其磨之者也。"这警示人们，居安思危则存，贪图安逸则亡。

有得必有失，不要总患得患失

其未得之也，患得之。既得之，患失之。苟患失之，无所不至矣。

——《论语·阳货》

【儒学释义】

在孔子看来，有些人因为世俗名利心太重，做人做事就容易出现患得患失的情况。上面这句话的意思是：当他没有得到的时候，生怕不能得到。当他一旦得到，又担心失去。如果一味担心失去，那就没有什么事情做不出来了。所以，在做事情的时候，要敢于决断和谋定，不要患得患失，这样才能占得先机。

不善谋事者，必不能成事。做事之前，尽自己所能考虑到多种外界可变因素。考虑到多种结果，防患于未然，这本无可厚非，然而思虑过多、患得患失，就会走向极端，不利于做事。

生活中往往就有这样一些人，做任何事情之前都会反复进行考虑，瞻前顾后、畏首畏尾，做完之后又放心不下，担心一些地方没有做周全。如有不妥，就很担心把事情办砸并担心别人对自己的看法，极其注重个人的得失。这种人就属于患得患失的人，他们被得失的烦恼牵制着，内心总是难以安宁。患得患失的人容易在一件事情上分神，精力和时间都浪费在没有意义的胡思乱想上，往往与成功失之交臂。

在春秋战国时期，齐国有位年轻人十分善于射箭，是位百步穿杨的神射手，在齐国境内很有名气。后来齐王听说了这位年轻人，于是派人把他带到了宫殿里。

齐王说："听外面的人说，你是一名射箭高手，不知道是真还是假？"

年轻人战战兢兢地说："是的，我擅长射箭。"

齐王说："那你给我表演一下吧！"

于是年轻人被带到骑射场上，齐王和大臣随后跟来。年轻人看见天上有南飞的大雁，于是射了一箭，结果两只大雁应声而落，在场的人无不叫好。于是齐王就封这个年轻人做了将军，还赏了住宅和大量金银珠宝。

军队里还有一位将军也善于射箭，他觉得那个年轻人没什么军功就做了将军，很不服气。于是他就奏请齐王，说要进行一场射箭比赛。如果年轻人赢了，这位将军就离开；如果年轻人输了，那么年轻人就必须被革职离开。那个年轻人听说后，心里开始打鼓：以前是靠打猎为生，现在好不容易过上了荣华富贵的生活，可千万不能输啊！

来到骑射场，年轻人一看那位将军趾高气扬的样子，心里就更害怕了：千万别输了，否则那几箱珍宝就没了，豪华大宅也没了。当他握起弓箭的时候，额头上冒了一层冷汗，手心也湿了。比赛开始后，年轻人一直担心自己的那些财宝会被输掉，结果发挥失常，输掉了比赛，最后垂头丧气地离开了。

齐王很奇怪，问身边的大臣："这个年轻人的射箭技术应该在将军之上，怎么会输了呢？"

一个大臣说："上次他表演的时候，一穷二白，没什么可担心的，所以发挥很好。而这次您赐给了他大量财宝，他一定是担心那些财宝会失去，所以才发挥失常的。"

齐王点点头："是的，做人可不能瞻前顾后，患得患失啊！"

这个故事说明了一个深刻的道理：患得患失，一无所有。如果年轻人用从容的心态去对待得失，肯定能赢得比赛。但是他没能正确把握得失，最后输掉了一切。

为了避免这种事情的发生，我们应该看淡得失与名利。偶尔得到了名利，获得了一点成功，也不要过于放在心上，如果为此就欣喜不已，欢呼鼓舞，并以名利为人生奋斗的目标与动力，人难免就会心理失衡。因为实在太看重名与利、得与失了，所以有些人对自己是否失言、是否失谋、是否恣行不以为意，只要结果是自己收获名利就心满意足了。殊不知，这是一种非常错误的观念，在一时顺境的背后，往往潜伏着致命的祸患。

人应以平常心去对待成败得失、兴衰荣辱，而不可因为一时的成功就变得飞扬跋扈，认为自己能够主宰一切；也不可因为一时的挫折就心灰意冷，一蹶不振。对于一件事，你只要"尽人事"，成则是天道酬勤，是上天对你的恩赐；败则是天公不作美，是命运对你的磨炼。所以，无论是得意还是失意，人都应该泰然自若，既不骄也不躁，"没有这些无谓的负担，便是一种人生的练达"。

伦敦奥运会期间，在乒乓球男单决赛中，王皓输给了张继科，获得奥运会的亚军。实际上，这是他第三次获得奥运会亚军。

2004年雅典奥运会，王皓一路过关斩将，势如破竹，凭借自己雄厚的实力非常顺利地打入了决赛。他决赛的对手是韩国的柳承敏。所有人都认为王皓一定能够轻松地打败柳承敏，获得冠军的奖牌。因为在奥运会比赛前，王皓和柳承敏数次交手，都是王皓以绝对优势取胜。

这一年，王皓只有二十一岁，第一次参加奥运会就杀入决赛，并且赢得了所有人的期待与信任。王皓实在太想拿下这枚金牌了，背上了想赢怕输的思想包袱，过分依赖反手，以至于节奏完全被柳承敏掌控，最终以2:4被对手成功逆转，丢掉了这枚分量最重的男单金牌。

2008年北京奥运会，王皓重新披挂上阵。经过四年磨砺，当年的毛头小子渐渐从雅典失力的阴影中走出，成长为中国队新一代绝对的领军人物。这时候的王皓所向披靡，世界排名已经是第一。所有人都看好王皓，认为他一定能问鼎冠军。王皓又是一路过关斩将，顺利地进入了总决赛。这一次与他争夺冠军奖杯的人是队友马琳。马琳虽然也很强悍，但是在之前的比赛中，王皓的成绩要比马琳高出一大截。很多人都认为王皓这次夺得冠军是十拿九稳的事情。然而，王皓又一次失利了，一向状态很稳的他忽然没了状态，在赛点上频频失误，最终以1:4不敌队友马琳，失去了男单金牌。

2012年伦敦奥运会，经过几年的卧薪尝胆，王皓终于有了脱胎换骨的变化。这是他第三次站在奥运会的赛场上，他希望这一次能够摘得奥运冠军的奖牌。然而，他又一次失败了，人们都认为他似乎患上了"决赛恐惧症"。他又一次杀进决赛，最终却败给了张继科。三次闯进奥运会男单乒乓球总决赛，三次输给对手，所以人们称他是"千年老二"，又称他是"悲情英雄"。

王皓一次次与冠军擦肩而过，难道仅仅是因为他实力不够？当然不是，是因为他太在乎冠军奖牌了，一心想夺得冠军，所以心理上很忐忑，也很紧张。如果他能够做到心如止水，不起波澜，以平常心去面对挑战，那么结局是否会有所改变呢？至少在前两次的冠军争夺战中，奖牌就极可能易主了。

有得必有失，有失必有得。所得极多，便是再有所得，恐怕也不觉得欣喜，而稍有所失，心里便惶惶恐恐；所失极多，就是再失，恐怕同样也不会感到惋惜，倘若稍有所获，心里便觉十分快乐。"得，乃失之由；失，乃得之始"，此话颇有道理。得与失也好，成与败也罢，总是在悄然转变。

失亦何忧，得亦何喜？我们完全可以让自己活得更加超脱一些，遇事拿得起、放得下、想得开。如果刻意去追逐与拥有，就容易患得患失，如此便难以获得幸福。如果我们能够从喜怒悲欢中超脱出来，便不会"以物喜，以己悲"了，如此心便始终能够"平如镜"，而这正是成大事者所必备的心境。

第6章

秉承仁爱之心，执行宽容之道

厚德载物，待人一定要宽厚

居上不宽，为礼不敬，临丧不哀，吾何以观之哉？

——《论语·八佾》

【儒学释义】

儒家提倡宽厚待人，而孔子的这句话正是表现了这个观点。这句话的意思是：身处上层的人们需要懂得宽厚仁爱，遵从礼节，以虔诚恭敬为做事的根本；奔赴丧事，需要以悲痛哀悼为本。实际上，一个人无论身处什么阶层，都需要做到宽厚。

"为礼不敬"中的"礼"字，不仅仅局限于上下级，而且广泛地存在于人与人之间的交流中。现实生活中，宽厚的人远远比严苛的人更有人缘，也更容易得到大家的尊敬。而"敬"就是要做到诚恳、真挚，只有这样，做起事情来才能顺风顺水。

为人宽厚，首先要做到的是以人为本，在严格中不失去人情味，这样才能让他人感受到诚意和温暖，才能够拿出最大的热情，尽最大努力去帮助你。

想要做到宽厚不需要专门花费精力和时间，也不用去刻意为之，仅仅需要从简单的小事着手，就足够打动人心。

松下幸之助是日本著名跨国公司"松下电器"的创始人，被人称为"经营之神"，"事业部"、"终身雇佣制"、"年功序列"等日本企业的管理制度都由他首创。

松下幸之助很注重对员工的教育和指导，尽管自己十分优秀，但是他对员工从来不苛刻，十分懂得宽恕。松下幸之助每周都会到生产线上解决一些员工的纠纷或问题，犯错的员工多数都被原谅，死心塌地为了公司而努力。因此团队的凝聚力得到了大大的提升，每个松下员工都以自己是松下的一员而自豪。

一次，松下幸之助手下的一个老员工，因为一己之私将公司的商业机密透露给了对手公司，这让松下遭受了巨大的损失。公司进行了大规模的调整和调查，这个员工惶惶不可终日，于是鼓足勇气找到松下幸之助，承认了自己的错误。他本以为自己会被松下幸之助送到监狱，没想到松下幸之助沉默之后，拍了拍他的肩膀说："千万不要再做这样的错事。"之后，这位员工拼命地为公司工作，通过努力，为松下带来了巨大的利益。

松下幸之助不但对员工宽容，而且为人也十分诚恳、细心和包容。正是这一品性，感染了公司全体员工，使公司形成了一股可贵的"社风"。

即使员工被降级了，他们也没有丝毫的抱怨，回答也都是一致的："这是我自己的错误。也感谢松下先生给我重新再起的机会。"这不但能看出他的处罚能令员工心服口服，而且他不埋怨、不推卸责任、懂得感恩的精神，也感染了员工。

松下幸之助说："用人就是要用他的勇敢，必须尽量发掘部属的优点。当然，发现了缺点之后，也应该马上纠正。以七分心血去发掘优点，用三分心思去挑剔缺点，就可以达到善用人才的目的。"

松下幸之助以一生的事业奋斗经历和优秀的经营管理才能以及世人瞩目的业绩，为自己赢得了无比辉煌的荣誉。在这些荣誉的背后，他能够宽恕别人的品格显得格外耀眼。十全十美的人在生活中是不存在的，而更多的人识人之短容易，识人之长、能说人好话却非常困难，好像说了别人的好话，自己就受到了损失一样，这样的心理就是错误的了。

人生在世，宽厚待人是非常重要的，谁不曾有过小小的失误或过错呢？与他人之间的误会应该主动去化解，并充分谅解他人的过失，只有这样，人生的路才能越走越宽，越走越顺。

明代政治家王阳明曾经在平定宁王的叛乱中做出了巨大贡献。宁王为反叛准备了十年之久，他收买了朝廷中几个重臣，而当时的皇帝朱厚照只顾玩乐，不顾朝政，所以当宁王反叛时，形势非常严峻，然而，最终王阳明只用了三十余天就击败并活捉了宁王。

王阳明平定宁王叛乱后，当时的朝中头号权奸江彬有意为难王阳明，他使尽了种种方法试图让王阳明难堪。

一次，江彬派自己的爪牙张忠带着一支京军去了王阳明的辖地江西南昌。这个张忠到了南昌后，每天都派人到王阳明家门口，一刻不停地辱骂，试图激怒王阳明。

那时的王阳明刚刚立下战功,不但没有得到应有的奖赏和鼓励,反而被如此刁难,要是换了其他人,早就心灰意冷,但是王阳明却没有表现出丝毫恼怒和气馁,用自己的宽容化解了他人的恶意。

因为这支京军长途跋涉而来,所以难免会有士兵生病,王阳明不仅没有在意在他门外辱骂的人,还对士兵百般善待,病了给药,死了给棺材,也从来不歧视他们,本地人吃什么,就给他们吃什么。京军感激王明阳的善举,开始拒绝继续受张忠的指使。

王阳明曾经说过"此心不动,随机而动",这句话的意思是,品性纯正宽厚的人不会轻易被世俗的浮华影响。要知道,别人向你投射敌意只是他的小计谋,但是这个小计谋得逞的主要原因还是因为你的胸怀不够宽广。如果你的胸怀足够宽广,那么对方向你投射再多的敌意,也会被你的宽厚所化解,并使仇怨消失。

儒家提倡宽厚,因此在做事情的时候一定要宽以待人,体恤他人的难处,这样才能够赢得人心,开创美好的未来。

推己及人，助人相当于助己

夫仁者，己欲立而立人，己欲达而达人。

——《论语·雍也》

【儒学释义】

这句话是孔子的一个重要思想，意思是：仁德的人，自己想成功，也要助别人成功；自己想做到的通达事理，也要助别人通达事理。这就是实行"仁"的重要原则。一个人如果能够做到"推己及人"，那么也就做到了儒家提倡的"仁"。在困难的时候，如果主动帮助了他人，当自己遇到困难的时候，别人也会伸出援助之手。

爱默生曾经说过："人生最美丽的补偿之一，就是人们真诚地帮助别人之后，同时也帮助了自己。"这句话的道理很简单，说的就是在帮助别人的同时，也帮助了自己。帮助他人就是一种给予，让自己舍弃一些东西，例如时间、精力、关怀、财物等等。但是有舍必有得，做出这些舍弃之后，我们也许会得到很多。有这样一句很常见的话："赠人玫瑰，手有余香。"

故事中的王有龄，早年落魄，却只有胡雪岩不嫌弃他，在他落魄时鼎力相助，取得了巨大的成就。付出就有回报，有时候对别人不经意的帮助，得到的却是事业和生活的巨大助益。

每个人都不可能独立地存在于这个世界上，每个人都会遇到困难，遇到自己无法解决的问题，这时候就需要他人的相助，得到帮助的人会心存感激，希望他日可以回馈于人。而帮助他人的人，内心也会十分快乐，他日遇到了困难，也会得到别人的帮助。

小珊住的公寓里，有一位盲人老大爷。这位老大爷很乐观，白天跟大家一起去合唱团，晚上也会到楼下花园里散步，每天过得充实而快乐。

老大爷有个习惯，特别令人不解。他晚上出去散步的时候，无论是上楼还是下楼，虽然只能顺着墙摸索，却一定要按亮楼道里的灯。这令小珊感到匪夷所思，他既然是位盲人，那么不管灯亮着还是灭着，都一样看不见道路，那么又何必费劲去开灯呢？

一天，小珊晚上加班回来，正好遇到那位老大爷上楼，在楼道里摸索着开灯。小珊实在忍不住了，于是将自己的疑问说了出来："老大爷，您的眼睛看不见，为什么还要开灯呢？"

那位老大爷乐呵呵地说："开灯能给别人上下楼带来方便，也给我自己带来方便啊。"小珊更加不解了，继续问："的确能为别人带来方便，但是能给您带来什么方便呢？"

老大爷回答说："嗯，给我带来的方便有很多，你想想，开了灯以后上下楼的人都能看见我，就不会撞到我了。"

小珊听后，不由得对老大爷万分佩服。老大爷这一小小的举动，在方便了别人的同时也方便了自己，何乐而不为呢？从此，小珊经常去做一些善意的小事，不但方便他人，也方便了自己。

这位盲人老大爷用自己能做到的事情带给别人方便，也带给自己方便，可见善举不一定是惊天动地的大事，小事也能体现出善心的伟大。

人们常说，与人方便，与己方便。很多时候，我们帮助别人只是举手之劳，但也许对于被帮助的人来说也许就是拯救他的唯一的稻草。

扬长避短，为人处世好周全

与人交，推其长者，讳其短者，故能久也。

——《孔子家语·致思》

【儒学释义】

这句话源自一个故事：一天，孔子要出门远行，不料却下起了大雨。当时，他的身边没有雨具，有个门生便提议去借一把雨伞。孔子问他向谁借，门生答说，子夏有雨伞，可以向他借。孔子摇摇头，然后说了上面这句话。孔子知道子夏这个人有吝啬的毛病，所以拒绝向他借伞。如果硬要去借，难免会伤及两人之间的情谊。在做事的时候，只有"推其长，讳其短"，才能长久维护彼此的关系。

儒家提倡，在做事情的时候，要推崇别人的长处，经常去称赞别人的优点，有意识地掩盖和包容他的缺点，这样和别人的交往才能长久。孔子十分了解子夏的缺点，但是并不"责之深"，而是去谅解。

但是在现实生活中，总有这样的人，专挑人家毛病，而且抓着不放，不但浪费自己的精力和生命，也失去了弥补自己知识缺陷的机会。正所谓"金无足赤，人无完人"，世上不存在没有缺点的人，所以对一个人不要过分苛刻。无论是交友，还是处理事情，都应该避开其短处，发扬其长处。

一次，卫公孙朝问子贡说："孔子的那么多学问是从哪里学来的呢？"

子贡回答说："古代那些圣人所讲的道，就留在人们当中，圣贤的人可以看到它的大处，而不贤的人只能看到它的小处。"

这句话说明，有些人与人相交的时候，善于看到他人身上的闪光点，然后通过学习完善自己，让那些闪光点聚集在自己身上，所以他们才容易取得成功。而那些碌碌无为、甘于平庸之辈，往往只看到他人有缺陷的一面，所以自己最终一事无成。

"管鲍之交"一直是历史上的美谈，自古以来受到世人的赞叹。实际上，这份友谊之所以能够名垂千古，与鲍叔牙的宽容美德是分不开的。

管仲和鲍叔牙从小认识，关系非常好，长大后两人一起做生意。虽说是两人合伙，但是本钱差不多都是鲍叔牙出的，管仲并没有出几个钱，因为他本身也很穷。但是在分钱的时候，鲍叔牙总是让管仲拿大头，自己拿少数的钱。鲍叔牙觉得，管仲家里穷，还要奉养母亲，拿多的钱是应该的。而且如果没有管仲的聪明才智，他们也赚不了这么多钱。

再后来，两人又一起到前线打仗。管仲在每次进攻开始，都躲到最后面；每次撤退，他就跑到最前面。所有人都骂管仲，说他是一个贪生怕死的人！这时候鲍叔牙又站出来为管仲开脱："他不是怕死，他得留着他的命去照顾老母亲呀！"

鲍叔牙对管仲宽容至极，因为他总能看到管仲身上的优点，包容他的缺点。后来，管仲成为一代名相，名垂青史，也与鲍叔牙的推荐有着莫大关联！

两人走上仕途之后，却成了政敌，鲍叔牙效命于公子小白，而管仲则跟随着公子纠。管仲为了能让纠登基，曾暗算过鲍叔牙所跟随的小白，暗地里射了小白一箭，不过射到了小白的腰带，小白死里逃生。

后来小白登基做上君王，决定封鲍叔牙为宰相，鲍叔牙不但为管仲求情，还极力推荐管仲为相，说他的才干远胜于自己，而自己甘愿做他的下属。小白听从了鲍叔牙的建议，用管仲为相。管仲这才成为一代名相。

如果鲍叔牙的胸怀不够博大，看到的都是管仲的缺点，就不可能去推荐管仲。这样还会有管鲍之交的美谈流传下来吗？但凡有智之人都会有容人的雅量，而不会求全责备。

每一个人都希望得到他人的肯定，希望他人看到自己的优点和长处。而肯定他人且去赞美他人，就是对他人长处的肯定。

美国的一位著名企业家玫琳·凯说过："世界上有两样东西比金钱和性更为人们所需要——认可和赞美。"在日常交际中，我们不妨多注意他人的优点，对其缺点少一些苛刻，这在为我们改善人际关系的同时，也会让我们得到许多意想不到的收获。

戴尔·卡耐基是美国著名的成功学大师，同时也是举世闻名的作家和富翁。但是他小的时候非常顽皮，尤其是在他的母亲去世之后，他变得更加不服从管教，成了附近邻里皆知的"坏孩子"。

卡耐基九岁的时候，他的父亲娶了新妻。卡耐基对此非常反感，所以对这位继母一点都不尊敬。他甚至还想好了一系列捉弄这位继母的点子。

见到继母的那一天，父亲为卡耐基和继母进行了介绍，并对他的继母说道："亲爱的，你要知道，在你面前的是这里最坏的孩子。说不定，在明天早上，他就会用石头丢你。你要有心理准备。"他的继母听了这些话并没有吃惊，反而面带微笑地走到卡耐基面前，温柔地摸着他的头对他的父亲说道："我想你一定弄错了，亲爱的。这不是个坏孩子，而是一个聪明绝顶的孩子，只是他还没有找到宣泄热情的方式而已。"

这些话就像一缕暖风吹进了卡耐基的心里，让他对温柔的继母心生愧疚。渐渐地，他改变了对继母敌对的态度，并努力改正自己的坏习惯。

不久之后，卡耐基的转变便让所有人都感到吃惊。他不但一改坏孩子的形象，而且还和他的继母建立了一种和谐友好的关系，逐渐将精力放在学习上。这为卡耐基以后的发展奠定了坚实的基础。

面对着一个充满敌意的坏孩子，卡耐基的继母没有使用"母亲的权威"对他进行压制和约束，而是采用了温和的态度对他进行了赞美，这不但让她很快地得到了卡耐基的认可与接纳，同时还让卡耐基从一只"丑小鸭"变成了一只"白天鹅"。

所谓的优点或缺陷，往往只是立场不同、角度不同，才呈现出来的不同面貌。或许在我们眼中所看到的缺点，在其他人看来却是一种优点。所以在做事的时候，待人接物不可求全责备，而要具备容人、容事的雅量。

既往不咎，原谅他人的过错

成事不说，遂事不谏，既往不咎。

——《论语·八佾》

【儒学释义】

孔子这句话的意思是：对于已成定局的事，就不要再解释了；对于已经完成的事，就不要再劝说了；对于已经过去的事，就不要再追究了。既往不咎能够促使矛盾向有利于自己的方向转化，从而使坏事变为好事。这是解决问题、化解矛盾的明智之举。既往不咎既是善待他人，也是善待自己——在为他人提供方便的同时，也有助于自我的完善和发展。

俗话说，"宰相肚里能撑船，将军额头跑得马"，既往不咎是一种美德，是君子的作风，更是智者的行为。既往不咎，不仅体现着人性的仁爱，更体现出一种人生的智慧。

很多人都特别执着于别人犯过的错误，他们形成思想包袱，对他人不再信任、耿耿于怀，很多事情都放不开，完全限制了自己的思维，同时也限制了对方的发展。

俗话说：得饶人处且饶人，有理也得让三分。做人不妨大度一些，对待他人也不妨宽容一些，给别人留有余地，才不至于让别人处于不堪的局面，从而避免许多矛盾的发生。与此同时，这也给自己创造了更多的有利机会。

无数事实证明，与其"以眼还眼，以牙还牙""睚眦必报"，不如既往不咎，选择宽容对待。一个宽容之人，总会得到上天的眷顾。

有一回，楚庄王宴赐群臣喝酒。当时夜色已深，大家喝得酒酣耳热之际，灯火突然被风吹灭了。

有人浑水摸鱼，趁机拉扯美人的衣裳。美人当然是楚庄王的美人，她拉断了那人的帽带，留作那人行事不轨的凭证。美人把事情报告给了楚庄王，并说自己已经扯断了那人的帽带，只要把火点上以后看看谁的帽带被扯断了，就可以判断出是谁不老实了。

那个不老实的人吓得要死，没想到自己窃色不成，反倒栽了个大跟头，心想：自己这还有好吗？

谁知楚庄王却说："宴赐群臣喝酒，让人喝醉而失礼，区区小事怎能让臣子受辱呢？"接着他又传令左右，让大家都把帽带拉断，然后才叫人把火点上。

三年后，楚国与晋国交战，有位大臣总是在前面冲锋陷阵，很是英勇，并带头击退了敌人，最后获得胜利。楚庄王讶异不已，问道："我并不曾特别优待你，你为何为我出生入死到这般地步呢？"那大臣回答说："臣本是该死之人！想那晚酒后失礼，君王您却不予深究。我愿为您肝脑涂地，死而后已！"

我们不妨试想一下，楚庄王在得知自己的美人被调戏以后，如果没有选择原谅，而是当场暴跳如雷，立即对那位行事不轨者报以颜色，那么日后他还能得到一个为他肝脑涂地的臣子吗？楚庄王因为自己的宽容让自己得到了丰厚的回报。

假如有人曾经仇恨你，你既往不咎，这在很多人眼里往往是难以理解的，然而，既往不咎意味着一种器量，是大度的表现。

有人说，消灭敌人的最好方法就是把他变成朋友。"大肚能容，容天下可容之事；笑口常开，笑天下可笑之人。"以宽容的精神对待他人，不计前嫌地以恩惠去回报他人，这是一种向上的、与人为善的道德取向，这对于人生有着极大的积极意义。

既往不咎是一门生活的艺术。既往不咎，并不意味着无原则的宽容：宽容不珍惜你宽容的人，是滥情；宽容不值得宽容的人，是姑息；宽容坏事做尽的人，则是放纵。

既往不咎，并不意味着尊严与人格的丧失，反而有助于人们在漫长的生命之河中穿越平庸。一个人只有具有既往不咎的思想境界，才能够懂得人生的真谛。

宽容的含义不仅限于人与人之间的理解与关爱，而且还应该涵盖内心对于天地间一切生命产生的旷达与博爱。

勿强于人，学会换位思考很重要

己所不欲，勿施于人。

——《论语·卫灵公》

❤【儒学释义】

这句话来自一段对话，子贡问孔子："有没有一句终身奉行的话呢？"孔子说："就是恕吧！自己不愿意做的事情，不要强加给他人。"这句话就是告诉人们，做事的时候要懂得换位思考，多为他人着想，不要只考虑自己的感受。

"己所不欲，勿施于人"这句话还有它深层的含义，比如，用自己的心理推及别人的心理；自己希望怎样生活，就应该理解别人也会希望怎样生活；自己不愿意别人怎样对待自己，就不要那样对待别人；自己不希望在社会上受阻，那也不要去为难别人。总之，从自己的内心出发，理解他人，宽容地对待他人。

换位思考对于我们很重要，将心比心、设身处地，是达成相互理解不可缺少的心理机制。每个人都需要把自己的内心世界与对方联系起来，站在对方的立场上体验和思考问题，从而与对方在情感上得到沟通，这样才能够深度地了解对方。换位思考的实质是对交往对象的切身关注，深入对方的内心世界。它既是一种理解，也是一种关爱。

小路是个比较仗义的小伙子，也喜欢交朋友，和他关系最要好的就是小图和郑伟。三个人是入职的时候认识的，因为都喜欢玩游戏，所以十分谈得来。小路跟小图都来自大城市，因此共同点更多，而郑伟来自偏远的山区，虽然跟两个人的关系很好，但是很多习惯、爱好与二人仍有很大的差别。

小路喜欢探险、爬山，他觉得攀山越岭是一种精神享受。因此他常常带上郑伟和小图一起去。郑伟来自山区，因此每次小路一个电话打来，他马上就跟着出来。而小图是大城市长大的孩子，体力往往跟不上，所以每次小路打电话邀请时，都想办法拒绝。

当时小路是个自我意识比较强的人，每当小图拒绝的时候，他都觉得非常恼火，觉得小图不够兄弟，还因为这事跟小图吵了起来。时间长了，两人的关系慢慢地就淡了。

小路的家庭条件很好，加上自己的薪水也比较高，因此花钱大手大脚的。买名车、品牌衣服，胡吃海喝，总是挥金如土。而郑伟家庭条件很差，而且还要供自己的妹妹上学，所以日常生活比较节俭。小路却不以为然，觉得郑伟的工资比自己还高，就应该跟自己一样潇洒。因此每次出去玩，他也会逼着郑伟出钱请客，这让郑伟十分苦恼。后来，小路再约郑伟出去喝酒时，郑伟都拒绝了，两人的关系也越来越冷淡。就这样，小路觉得自己付出了真心，不但没有得到朋友，还让朋友感到厌烦，很沮丧。

故事中的小路不懂得换位思考，因此失去了两个要好的朋友。换位思考十分重要，在身处同一环境中时，不仅要注意自己的感受，还要善于了解别人的感受，体会他人的难处，这样才能够轻松地赢得他人的信赖。

"己所不欲，勿施于人"是儒家思想的精华，也是中华民族根深蒂固的信条。以己之心推度他人之心，成己成物，成人之美，不把自己所厌恶的、所不愿意承受的事情强加给别人，是智者的表现。然而，最具智慧的人，不但懂得"己所不欲，勿施于人"，还懂得"己所欲，勿施于人"，即自己喜欢的、想要追求的东西，也不要强加于人。

由此可见，己所不欲，勿施于人，在日常工作和生活中，多问一下自己：做了这件事会产生什么样的后果呢？并多把自己换到别人的角度想一想，如果自己能够接受，那么别人大概也能够容忍；如果自己都不能容忍，那么别人肯定也不愿意接受。

世间万物都是相通的。我们在与人交往中，特别喜欢结交那些了解自己、肯顺着自己喜好脾气的人。同样，我们也应该站在对方的立场上，考虑他们喜欢什么、不喜欢什么。

美国的欧文梅说："一个人能从别人的观点来看事情，能了解别人的心思，就永远也不必为自己的前途担心。"

因此，我们在待人处世的时候，都要做到"己所不欲，勿施于人"，这样一来，人与人之间的摩擦和冲突就会减少很多，人与人之间的关系也会变得更加和谐与融洽，生活才会充满快乐！